岩波アクティブ新書 80

ジェーンの
きものスタイリング

JANE'S KIMONO STYLING

山野愛子ジェーン

岩波書店

はじめに

私は初め、自分のミドルネームが「愛子」であることをさほど気に留めませんでした。しかし、その名前が深い意味を持っていることを認識したのは、一九八四年、ニューヨークのカーネギーホールの舞台に祖母山野愛子と一緒に立った時からでした。私の人生は、生まれた時から決められていたのかもしれません。

私の名前は山野愛子ジェーン。アメリカ・ロサンゼルスで生まれ、一二歳で日本に移ってきました。私の父が日本を代表する美容家・山野愛子の長男であったことから、私はその二代目として美容の道を選ぶこととなったのです。

それから約二〇年が過ぎ、私は今美容の教育を通して若い人たちを育て、日本の象徴ともいえるきものを普及することで、日本の美容をきものも含めた総合的な美しさとして国際的に広める役割を担っております。中でもきものへの想いは私の生活の大部分を占めています。

私の人生はきものと共にはぐくまれてきました。たとえアメリカに住んでいたとしても、周りの日本人のお友達よりも遥かに多くの伝統行事に触れ、成長の節目できものと関わってきたのです。それも知らず知らずのうちに、きものが生活の一部となるように仕組まれていました。そうしてとても自然な流れで私はきものが大好きになったのです。
今は、美しいきものを世界中に広めることに熱中しています。そのためには従来のきものの紹介には止まらず、伝統を踏まえながらさらにクリエイティブなきもの文化を創り、高めていきたいと思っています。

私たちの教育は、「美道《びどう》五大原則」を基本にしています。それは「髪・顔・装い・精神美・健康美」から成り立っています。髪を整えたり、お化粧をしたりしてお洒落を楽しむことは潤いのある暮らしに必要なことですが、そういう外見美に更なる磨きをかけるには、何よりもその人の心が和らいでいて、人との関係が温かく思いやりに溢れたものでなければなりません。それが精神美の大切さです。そうしてそれらすべての基となるのが個人の健康なのです。健康美をベースに、心優しく強く、その上で髪と顔と装いをその人の個性がよく現れるように整える、それが「美道五大原則」の考え方です。

それを「トータルビューティー」と表現し、教育の主軸としています。

この本では、「トータルビューティー」に基づいてきものを楽しむことを提案しています。今、美容は生活手段から芸術の表現手段へと役割を広げていますが、きものも同じといえましょう。皆さん、自分の新しい表現方法として、きものをライフスタイルに取り入れてみませんか。

さあ、ジェーンの「きものワンダーランド」探検に出発しましょう。

目　次

目　次

目　次

レイアウト　赤崎正一
協力（ロゴデザイン）　㈲メッセワールド

第一部

JANE'S KIMONO WORLD

1　初めてのきもの、「掛け着」

祖父・山野治一《じいち》、祖母・山野愛子には六人の男子がおりました。長男が私の父、山野正義《まさよし》です。次いで凱章《よしあき》、彰英《あきひで》、堯章《たかあき》、景章《かげあき》、博敏《ひろとし》。

私は、初孫でしかも女子でしたから、祖父母の喜びは、計り知れないほどの特殊な感情に近いものだったでしょう。仕事でアメリカに来るたびに、きものや和装小物、日本の年中行事のお祝いのための道具、玩具などを、それこそ山のように持参してくれました。ですから、私のアルバムには、祖父母からのプレゼントであるきものを節目ごとのお祝いに着用した写真が大変多くあります。このアルバムの表紙は、愛情というあたたかいカバーにおおわれているのです。

日系二世であるアメリカの祖父・シゲオ木村と祖母・キミ木村は、私の写真をアルバムに整理しておいてくれました。そして、全く同じ写真を日本の祖父母に送っていました。

私は一九六四年の一二月生まれです。私が初めてのきもの、「掛け着」を着ている左の写真の裏には一九六五年一月とメモされています。もちろん、この写真はアメリカで撮ったものです。父は一八歳で単身アメリカに渡り事業家として成功し、日系三世であるダイアン・栄子と結婚し、私と妹・ティナの二人の娘をもうけました。

私の写真は、それこそ一本の映画ができるくらいたくさん残っています。それを見て、ティナはいつも苦笑していました。

「私の写真はどこにあるの？」

しかし、妹が生まれてから二人で撮ってもらったきもの姿の写真は、本書に掲載されているだけでも、日本の一般家庭における同世代の人たちよりは、かなり多いのではないかと思います。

私は祖母・山野愛子を叔父たちと同じように「おかあちゃま」と呼んでいました。ずっとあとに、日本で生活するようになって、グランドマザーのことは「おばあさま」と呼ぶことを初めて知ったのですが、私にとって祖母は永遠に「おかあちゃま」なのです。

祖母は、美容家という職業を抜きにしても、日本人の心を大切にし、イニシエーション（通過儀礼）である年中行事を何より誇りにする人でした。

私の手元にある写真アルバムを、今、こうしてめくってみますと、日本には子どもの成長を節目節目に祝福するセレモニーがいかに多いかということが分かります。その通過儀礼はおごそかで、しかも男子も女子もきものと共にあります。祖母は、無意識のうちに、私ときものの接点を整えてくれていたのです。

私が生まれて初めて着たきものの文様は、中国の伝説にあるめずらしい鳥「鳳凰《ほうおう》」を描いたものでした。

鳳凰……古来中国で尊ばれた瑞鳥（めでたい鳥）で、雄を鳳、雌を凰と呼びます。五色に輝き、五音の鳴き声を持ち、竹の実を食べ、醴泉《れいせん》を飲み、聖徳の天子の兆として現れるという空想上の美しい霊鳥です。染織品をはじめ、漆工、金工、陶磁器に至るまで、日本の伝統的意匠に表現されています。

2 ひな祭りを祝う

生後まもなく、「鳳凰」の掛け着を身にまとった私には、生涯をきものと過ごす運命がさずけられたのかも知れません。大きな愛情と期待に包まれてきものを愛する役割を担わされたのです。

誕生して三ヵ月目に、女児の初節句「ひな祭り」をロサンゼルスの自宅で行いました。一対のひな人形の前で、両親に支えられて下の写真に収まりました。この思い出深いひな人形は、東京の祖父母から贈られたもので、ロサンゼルスの祖母が今も大事に保管しています。

ロサンゼルスの祖父母は日系アメリカ人ですが、多くの日系人がそうであるように、日本文化を大切にし、アメリ

カでの日常生活にも日本の文化や慣習を伝えていこうという気持ちを持っていたようです。私がアメリカで十代初めまで暮らしながら、同世代の日本人以上に日本的なものを身近に感じているのは、その影響だと思います。父方と母方の両親は、日本とアメリカという、太平洋で隔てられた遠いところに住みながら、どちらも同じくらい日本文化を尊んできました。

だからというわけではないでしょうが、私の父は、私の服装を常に女らしくと気に掛けていましたので、例えば、ジーパンは絶対に禁止でした。アメリカの子どもたちの普段着はジーパンが定番スタイルの時代に、私やティナがジーパンをはくと父は不機嫌になりました。

女の子らしい装いを私が好むようになったのは、子どもの頃から可愛らしいフリルの付いたスカートやソックスを身に付け続けたからなのでしょう。ハイスクールに通学するようになってもスカート姿がほとんどで、季節によって、せいぜいショートパンツにスニーカーというスタイルになる程度でした。

初節句………生まれた子が初めて迎える五月五日(男)または三月三日(女)の節句。子どもの健やかな成長と幸せを祈る行事が節句です。女子の初節句では、ひな祭りをしてお祝いし、ひな人形を飾り桃の花を供えます。桃といえば、少女の髪型である〝桃割れ〟も、桃の実を二つに割った形に似ているところに由来しています。

3 初宮参りと祝い着

私の初宮参りは、初節句の一週間後、つまり生後一〇〇日目くらいの日であったと、記念アルバムに記されています。その時もこの「鳳凰」の祝い着をまとってお宮参りをしたそうです。

初宮参りは、一般には子どもが生後三〇日目前後にするようですが、土地の風習によって違います。もともとは氏神様に初めて詣で、氏子となるのが目的でした。現在は、どちらかというと氏神様に限定しないで、地域で知られている神社に参詣することが多くなりました。

初宮参りの日は産後の「忌明《きあ》け」の時期に設定されています。男児の忌明けは女児のそれより早くする所があります。例えば男児が三二日目であれば、女児は三三日目というように。また、赤ちゃんを産んだ母親は、まだ忌が明けないと考えられ、お宮参りで子どもを抱くのは、祖母の場合が多いのです。幼子が生後間もなく亡くなることの多かった時代には、いろいろな忌みごとを軽視しないようにしていたわけです。

「祝い着」は一つ身の広袖《ひろそで》の紋付《もんつ》きに付け紐《ひも》を付けたものを子どもに掛け、抱く人の背で結びます。掛け着との配色のバランスを考え、付き添う母や祖母のきものを選びます。品の良い付け下げ、色無地紋付き、紋付き江戸小紋などが適切とされました。

東京の祖父母もロサンゼルスまで来て、私の初宮参りを祝ってくれたと聞いています。その話から推察すると、生後一〇〇日目頃にお宮参りをしたのは、おそらく「お食い初《ぞ》め」を兼ねたのでしょう。「お食い初め」とは、生後一〇〇日目か一二〇日目に、子どもの膳をきちんと揃え、餅や飯粒を食べさせる真似事をする行事です。強い歯が生えるようにといわれます。このようないろいろな民間信仰がロサンゼルスの日系人社会にも語り継がれていました。母国の慣習を確かに伝えようとしていたのです。

初宮参り……新生児が氏神様へ初めて詣で、氏子になる儀式のこと。これは、産神《うぶがみ》が出産に立ち合い、母子の安全を見守った後の「忌明け」に行われます。一般的に生後三〇日前後、その晴れ姿を周囲の縁者にも披露します。祝いの掛け着を着用し、かつて男児は羽二重の黒紋付きの熨斗《のし》目《め》文様、女児は縮緬《ちりめん》のぼかしに吉祥文様を用いました。お宮参りだけに着るのなら背縫いのない一つ身に、三歳や五歳まで着用させるのでしたら四つ身仕立てにします。

4 お祭りの半纏

生後八ヵ月目に撮影された写真を見ますと、伸び始めた髪には鹿《か》の子と藤の前髪飾りが付けられ、きものの袖に手を通し、その手を母や祖母にしっかり支えてもらっています。

手元のアルバムでこの頃の記憶を甦《よみがえ》らせてみます。

ロサンゼルスで暮らしていた幼年期から少女期にかけて、日系人が大勢集まり、さまざまなイベントを催していました。盆踊り、夏祭り、秋祭りなどが思い出されます。今もそうした行事が、リトル・トーキョーで年に何度も開かれています。いつも私と妹のティナはきものを着て、祭りの雰囲気を子どもの目線で満喫していました。

リトル・トーキョーでイベントがある日には、よくお客さまが自宅に遊びにいらっしゃいました。普段から訪問客の絶えないわが家でしたが、その時期には日本からお出かけになって立ち寄られるお客さまが多くおられました。

お客様が多いのは、アメリカ東海岸のロッキー青木、西海岸のマイク山野といわれるほど、父・山野正義が実業家として成功していたからなのでしょう。ロッキー青木さんは、ステーキハウス「紅花」をはじめ多くの事業を手掛けておられました。父は、その青木さんと同じように、父の方が数日早かったそうですが、日本を単身で飛び出したのです。二人は日本人でアメリカンドリームを実現した立志伝中の人物として一緒に紹介されることが多かったのです。そういった事情もあって、わが家は、父を頼って訪れる若者や知人でいつも溢れんばかりでした。知人では、川島正次郎元自民党副総裁、田中角栄元首相、土光敏夫元経団連会長といった、日本の国を動かす人々もいらっしゃったというのが父のよく語る昔話です。

リトル・トーキョーの夏祭りのイベントにゲストとして参加した、トニー谷さんもその一人でした。算盤《そろばん》を楽器代わりに使い、ユーモラスな語り口で一世を風靡《ふうび》した日本を代表するコメディアンでした。もちろん、そのことはあとで母から聞いて知ったわけですが。

豆絞りの手拭《てぬぐ》いを鉢巻きにして、腹掛けの上に「小若」と白縁大紋《しろふちだいもん》で書かれた半纏《はんてん》を身に付けた写真があります。トニー谷さんも同じ恰好をしてお祭りを盛り上げる役割を担ってくれたようです。

ロサンゼルスに住む日本人や日系人のためのハートフルな行事は、やはりお祭りでした。アメリカに住んでこそ理解できるのが、ナショナリティやアイデンティティ。意識下に眠っている気持ちを呼び起こしてくれるのが、太鼓の響きや笛の音なのでしょう。身体の中にひそんでいる日本人のＤＮＡが、懐かしさを引き出してくれます。

髪飾り……本来、頭に巻くものを鬘《かずら》、挿すものを挿頭花《かざし》と呼びます。日本髪の簪《かんざし》は、その挿頭花の派生で、魔除け、護符の役目をするといわれていました。梅、桜、菖蒲などの花々、榊や松などの自然の生命をかたどり、人の生命を助けるために役立てようと髪に挿すのです。日本髪の髪飾りには、櫛《くし》、笄《こうがい》、手絡《てがら》、丈長《たけなが》、根掛《ねがけ》などがあります。

5 七五三と「抱き柏」

七五三の三歳のお祝いをする頃までに成長しますと、きものは掛けるから羽織る、そしてようやく着るという段階になります。身体に巻き付けた程度の初宮参りから比較しますと、きものを着ている私自身が喜びを感じているような印象をこの記念写真から受けます。きものは仕立て次第で、成長に合わせて、何年も使えるのが特徴であり、便利さでもあります。

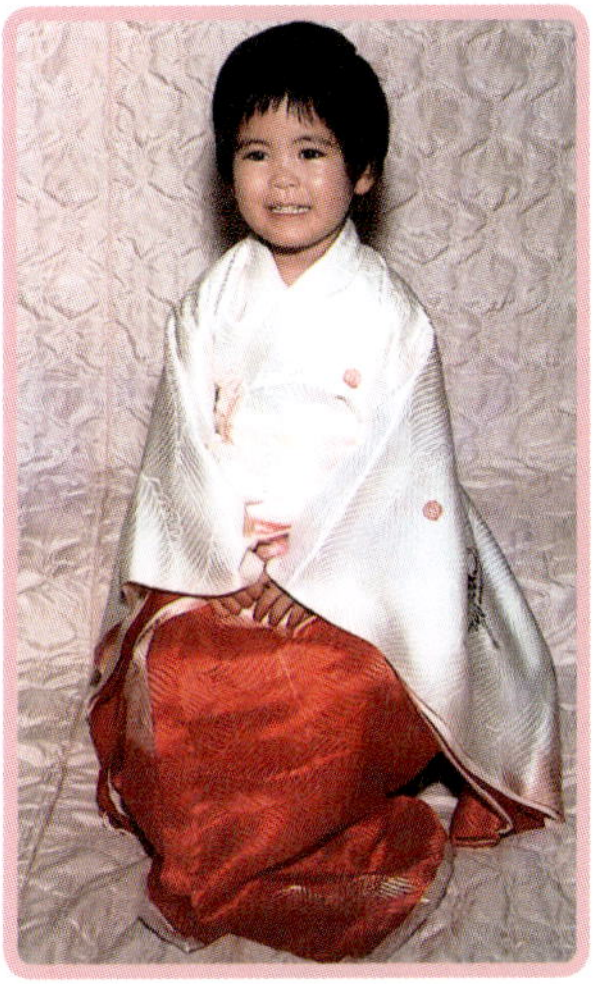

「鳳凰」は、英語ではチャイニーズ・フェニックス、つまり中国の不死鳥です。祭りの神輿《みこし》の頂《いただき》で揺れる鳥が「鳳凰」であることを、ずっとあとになって知りました。

私のこの「鳳凰」文様のきものには、山野家の家紋が、五つ紋で摺り込まれています。

摺り込まれていると表現したのには理由があります。

紋の研究書を調べると次のようです。

一般的な礼装のきもの紋は、染め抜き日向《ひなた》(陽)紋、染め抜き陰《かげ》紋、縫《ぬ》いの日向(陽)紋、縫いの陰紋などが、主流となっています。摺り込み紋は大変にめずらしく、布地上から型紙をあてて染料を摺り込む、祝い着のみに使う染め方の一種です。染織における日本の伝統技術といえるでしょう。

山野家の家紋は「抱《だ》き柏《がしわ》」です。

日本の家紋は、自然紋、植物紋、動物紋、器物紋、建造紋、文様紋、文字紋、図符紋に大別されています。「抱き柏」は植物紋で、神木である柏がモチーフとなっています。私の初めてのきものは、やはり神さまからの贈り物だったのです。この「抱き」という言葉には、一家は愛を源として、夫婦和合、子孫繁栄を示唆しているという意味があるそうです。この家紋からは「家族愛」を大切にしてきた先祖の声が聞こえてくるような気がします。

七五三………子どもの健康と成長を祝う年中行事です。男子は三歳と五歳、女子は三歳と七歳に当たる一一月一五日に氏神に参詣します。現在の日取りになったのは、徳川幕府三代将軍・家光の四男、徳松（のちの五代将軍・綱吉）の身体が虚弱であったがために、その五歳の祝事を慶安三年（一六五〇）の一一月一五日に執り行ったのが起源という説もあります。この歳祝いは、奇数がめでたい数であり、また体調の変わりやすい年齢といわれ、子どもの健康への自覚、親の過保護の戒めとしました。昔は次のようなことを行っていました。

● 髪置《かみお》き　男女とも三歳までは髪を剃《そ》るのが一般的でしたので、これは三歳で初めて髪を伸ばす儀式。白い綿（綿帽子）を頭の上に乗せ、白髪頭になるまで長生きすることを祈りました。

● 袴着《はかまぎ》　五歳男児が初めて袴をはく儀式。

● 帯解《おびと》き　七歳女児が、幅の広い大人の帯を締める儀式。付け紐を取り、身八つ口をふさいで、小袖を着せます。

家紋………家々によって一定した紋のことです。

きものに付ける紋の数は五、三、一。数が多いほど格が高くなります。五つ紋は、背中心、両後ろ袖、両胸、三つ紋は背中心と両後ろ袖、一つ紋は背中心とされています。

6 お正月と母のきもの姿

左は四歳のお正月のスナップです。右が私で、中央が母、左が妹です。三歳違いの妹のティナがようやく伝い立ちできるようになった一九六九年です。私は、妹が慕ってくるのが可愛くてなりませんでした。今もその気持ちは変わりません。

私とティナが着ているこのきものは、ずいぶんと長い間、アレンジして着続けました。これはアッと驚くようなアイディアで作られています。「二部式きもの」といって、上下がセパレートされているきものです。

母もきものが大好きです。日本でイベントのある時には、どのきものを選び、どの帯を締めようかと、腕組みをして悩みます。そんな母のきもの姿の写真を見て、思い出した出来事があります。

母が父と結婚して間もなく、日本の親戚、知人への挨拶廻りに一時帰国した時のことです。父の仕事の都合もあって、短期間にご挨拶をすませて、アメリカに帰る日になりました。その日、祖母は、母にきものを贈っただけでなく、着付けまでしてくれたそうです。母は、感動のあまり、当時の羽田空港で飛行機に乗り込むまでその大切なきものを脱ぐことができなかったといいます。しかもそのまま機中でも着替えることなく、アメリカの祖父母に一目見せたいと思って、着崩れしないように注意していたそうです。その頃、ロサンゼルスまでの飛行時間は、今よりはずっと長く一五時間くらいかかりました。飛んでいる間、きもの姿のまま身動きしないように座っていたらしいのです。シートに深く腰を沈めると、お太鼓の帯が崩れてしまうのではと気になっていたからでした。祖母は、母の気配りを聞いて、自分のきものへのこだわりに意を強くしたそうです。

しかし祖母は、「きものは窮屈と思っている若い人が多くいらっしゃるでしょう。でも、それは簡単な工夫や着こなしで充分に解消できる問題です。楽に着なければ、せっかくの

晴れの日の笑顔も曇ってしまいます。それでは、きものを着る意味がありません」と常々いっていました。ですから祖母は、しばらく後には母にもそのことを教えたはずです。

お太鼓……一般に行われる帯結びは、大別して「立矢《たてや》」「文庫」「太鼓」の三系統に分類されます。お太鼓は、「お太鼓結び」の通称です。辞典類を調べますと、江戸時代、亀戸天神の太鼓橋再建に因んで流行したとあります。また太鼓橋とは関係なく、当時の前帯姿が小太鼓を抱えたように見えたからで、それが後ろ結びになったともいわれます。いずれにしても、江戸時代末期までに、数多くの帯結びが生まれ、現在に至っています。

7 スニーカーと草履

近頃は、花火大会などでスニーカーに浴衣《ゆかた》姿の若者を目にすることが多くなりました。そんなシーンを見ると、きものを着始めた頃の私を思い出します。

それまで私は、祖母の考案した二部式きものに慣れ親しんでいたおかげで、きものが身近なコスチュームになっていました。それでもアメリカ社会で育った子どもですから、きものを着ても足元はソックスにスニーカーということもよくありました。けれども、しばらくしてから、草履《ぞうり》を履くようになりました。草履には足袋《たび》が似合います。

最近、知人の娘さんが、生まれて初めて足袋を履いて、五本の指すべてを親指部分でないほうに入れてしまったと聞き、そういうこともあるかも知れないと思いました。私は、母から足袋の履き方、草履での歩き方をしっかり教えられたので、失敗はしなかったのです。

四歳二ヵ月時の写真を見ると、足袋と草履をきちんと履いています。もうソックスとスニーカーではありません。

もっとも、普段、スニーカーを履きなれている私の足には、草履は必ずしも心地よいものではありませんでした。鼻緒の当たるところが痛くなるし、歩きにくく、疲れやすいのです。

この頃から、もっと草履を気軽に履きたい

という思いを抱いていた私は、ずっと後になってから、足に負担のかからない草履、「愛好草履」を近藤陽一教授（山野美容芸術短期大学）と開発しました。ドイツの医療靴の理論を応用して、中足骨パッドや底芯材に本コルクを使用して作ったもので、これなら疲れずに気軽に履いていられます。

いつも「楽に着られなければ、きものを着る意味はありません」といっていた祖母の精神を、こういうところにも活かしています。

足袋……古くは皮製の履物をタビといい、次第に足覆いが必要になり、江戸時代にはいって木綿足袋が作られて普及するようになりました。

8 二部式きもの

新しいことを考えるのが大好きな祖母は、きものへの工夫が常に念頭にあったようでした。一九六九年二月、ロサンゼルスにある「ヤマノ・ビューティーカレッジ」を訪れるために渡米した祖父母とともに写っているこの写真を見ると、私が着ているきものは先ほど紹介したブラウスとスカート仕立ての二部式きものです。現在でこそ二部式きものは数多く販売されていますが、一九七〇年以前に、上下を分けたきものを発想することは画期的なことでした。国内外で出張の多かった祖母が、歌舞伎の、舞台衣装を重ねて着てその一部を引き抜いて早変わりする「引き抜き」という方法を見て、上下に分ける二部式きものを思い付いたのです。

このきものの着丈は、腰位置でどのようにも調整できますし、上半身はブラウスあるいはジャケット感覚で着ることができます。きものからドレススタイルに簡単に変身できますし、もちろんその逆も可能です。アレンジが自由なのが魅力で、海外ではとても重宝します。

私自身も現在に至るまで、この二部式きものに親しんできました。幼い頃、帯をきりりと結んでもらって無邪気にはしゃいでいたのも、この独自なきものの安心感によるものだったと思います。

9 ハローウィンにきものはよく映えた

アメリカの子どもたちにとって、ハローウィンは、何よりも楽しみな年中行事《イベント》の一つです。S・スピルバーグ監督の映画『E・T』で、主人公の子どもたちがハローウィンの日にE・Tに布きれをかぶせて、外出させるシーンをご存知でしょうか。子どもたちに思い思いの仮装をさせて、街中を練り歩いて交歓する光景は、なごやかです。

私とティナが「演じた」仮装の写真(左上)には、「ジャパニーズ・ガール」と記されています。仮装というよりも地のままなのですが、きものを着ていることからのイメージなのでしょう。この八歳の時のハローウィンで着ているブルーのきものは、前に紹介しました二部式のものです。私の身長もかなり伸びていますが、ジャケット風の羽織にして、白地のきものに重ねています。ティナは一歳の頃に贈られたきものをそのまま着ています。この時は、「三尺《さんじやく》」を巻いて、しかも私とお揃いの赤い足袋と草履を履いています。

下の写真は、友だちをはさんで左が私です。ハローウィンのシンボルであるかぼちゃを持ち、私は白地のきものを襦袢のようにして大好きなピンク系のきものに「三尺」を帯代わりに結んでいます。

このハローウィンの前後から、メイクアップをする楽しさも知りました。鏡の前に座って、母からメイクアップをしてもらうのが嬉しくて嬉しくて仕方がなかったことを思い出します。

二人姉妹である私たちは、子ども時代からお互いに助け合って過ごしてきました。

父の教育方針で、長女、二女と区別をされたことはありません。常に対等です。ただし喧嘩をした時は、その限りではなく、父にこう諭《さと》されました。

「ジェーン、君にはティナしかいないんだからね」

「ティナ、君にとってジェーンはただ一人のお姉さんなんだよ」


三尺……「三尺帯」の略。その名称どおり、三尺（約九〇センチメートル）ある帯です。通常、素材は正絹《しょうけん》ですが、現在、子ども用はほとんどポリエステル製です。三尺やしごき（腰帯の一つ）は、リボン結び風にして、左右に大きく垂らし、可愛らしさを強調します。

10 盆踊りと浴衣、そしてきもの

ロサンゼルスにも仏教徒の寺院があります。毎年、夏になると、この寺院の駐車場が開放され、大規模なお祭りが催されました。

私たちはビバリーヒルズの自宅から屋台の食べ物屋さんや縁日さながらのお店を目当てに、この駐車場に一直線に向かって行きました。駐車場の中心には、大きな和太鼓が設置され、浴衣にたすき掛けの男性が、バチを巧みに操って、リズミカルに叩きます。そして、集まった人たちは太鼓の周りで、盆踊りを踊るのです。

この盆踊りの季節近くになると、日系人が集まって踊りの稽古をしました。先生たちが真ん中で「模範演技」を披露し、私たちがその外側で踊りました。現在も全く変わらずに、その寺院の駐車場には、踊りの輪ができるそうです。もちろん、日系人以外の方々も楽しみに参加しています。

このイベントには、ほとんどの人が浴衣で集まります。ところが、私たち姉妹

は、写真のようにこの盆踊りに浴衣ではなくきもので参加していました。その記憶だけは鮮明です。ただ、きもので盆踊りを踊ることがどのような意味を持つのかは分かっていませんでした。私が九歳、ティナが六歳の時で、そのことを理解できる年齢ではありませんでしたから。

この時も、東京から祖父母が駆け付けてくれました。私自身は、この年頃から祖母がロサンゼルスを訪れるたびに、きれいなきものが着られると、単純に喜んでいました。しかし、自分たちが着ているきものは、他の人が着ているものとは違うから大事にしなければならないと思っていました。そうした体験は、きもの文化を大切にするための情操教育になっていたようにも思います。

この盆踊りの季節を境目にしてきものを着る機会が次第に増えていきました。しかも、祖母がさまざまな工夫をしてくれたので、ほとんどのきものは、楽に、手早く着られる、あるいは着せてもらえるものばかりでした。

工夫の一つに「腰あげきもの」があります。これは初めから背丈に合わせておはしょりも作られており、あとは胸下の紐を結ぶだけでよいのです。帯も「作り帯」で、ウエストにベルトのように巻いて、後ろの形を付けるだけでした。ですから、ほとんど時間もかけずに綺麗に着られましたから、着付けが大変だな、と思ったことはありませんでした。

盆踊り……「盆」は、旧暦七月一五日前後数日の仏教の盂蘭盆会《うらぼんえ》を中心とする一連の行事。一年の前期の終わりが「盆」であり、後期の終わりが「暮」。先祖の霊を踊って歓待し、送るための踊りで、夏の風物詩です。涼しげな浴衣に誘われるように、霊魂が迎えられ、そして送られます。

11 日本舞踊を習い始める

私がきものと日本文化への理解を少しずつ深めるようになったのは、一〇歳くらいからでしょうか。

日本の伝統芸能である能や歌舞伎の世界では、物心ついた頃から英才教育を子どもたちにほどこします。子どもたちが親と同じ世界で育ち、後継するという前提があるからです。

私は、そのような英才教育を受けたわけではなく、アメリカ社会で普通の子どもとして育てられました。それでも、きものを着る機会が多くあったからか、自然と日本文化に強い興味を抱くようになったのです。

一九七五年九月、私とティナが、東京の祖父母を訪ねた時、待ちかねていたように祖母が新しいきものを着せてくれました。いつもと違ったのは、祖母が日本舞踊のポーズを私たちに教え、振付けてくれたことです。きものを着て歩く時は普段とは違う足の運びをすることや、静から動への一連の動作があることを事細かに指導してくれました。例えば、ふつうは踵《かかと》に重心をおいて歩くのに、きものを着ているときはつま先に重心をおいて歩いた方が美しく見えるということなどです。こういった日本舞踊の振付けを学ぶことで、きものを着た時の自然な立居振舞を知りました。また扇子の持ち方やさばき方も教えてもらいました。

この年の東京滞在がきっかけで、私とティナは、ロサンゼルスに戻ってからも日本舞踊を習うようになったと記憶しています。その後しばらくしてから、朝丘雪路先生の指導される「深水流」の日本舞踊に深く関わるようになりました。

祖母がポーズを付けてくれた時の写真を見ますと、一〇歳ですから、まだきものは肩上げがされています。後に知ったのですが、この写真の裾からのぞいている襦袢《じゅばん》は、祖母の工夫で、きものの裾線《すそせん》と袖口《そでぐち》、それに振《ふ》りに沿って襦袢と同じ生地を部分的に縫い付けたものでした。いかにも正式にきものを着ているように見えますが、実際には襦袢は着ていません。したがって、身頃《みごろ》は軽くなっています。幼い私の身体に負担をかけないようにという祖母の配慮なのです。

異文化のアメリカにあってきものを着る、また、日本舞踊を舞う面白さを感じ始めた十代でした。

12 山野愛子の新日本髪

一八歳でアメリカに渡った父よりも、もっと若い年齢で私は日本に来ることになりました。それは一九七六年、一二歳の時でした。私は、アメリカを離れることよりも、アメリカの祖父母と遠く隔たってしまうことを悲しく思いました。でも、二人は優しくいってくれました。

「日本では、こういう状況を、「しばしの別れ」というのだよ。春には私たちが会いに行くからね」

一二歳の私には、わずか半年後の再会の約束が、まるではるか未来のことのように思われました。日本への引っ越しは、ちょうどクリスマス休暇の真っただ中でした。そのため、毎年、わが家で華やかに行われていたクリスマス・パーティもできません。寂しい思いで日本のお正月を迎えました。

ところが、日本でのお正月は、アメリカのクリスマスやニューイヤー・パーティとは、一味も二味も違う華やかでおごそかなものだったのです。子ども心に緊張感と期待感の交錯する複雑な初体験をしました。本格的なおせち料理、お年玉、年の始めを祝う行事に伴う、いろいろな慣習に強い興味を持ちました。

私のお正月の装いは、この時から必ずきものです。しかも、成人を迎えるまでは祖母が考案した写真のような新日本髪を、ずっと結ってもらっていました。新

日本髪は伝統を大切にしながら結いやすく、可愛らしく作れる髪型として流行しました。大晦日《おおみそか》には、銀座にある山野愛子美容室で、私もティナも新日本髪を結ってもらい、元旦の初詣《はつもうで》に出かける準備をします。初詣の時間まで、いつも心配だったのは、仮眠している時に髪が崩れはしないかということです。ソファに座ったまま眠ってしまうことも、しばしばでした。

初詣は、祖母に縁の深い浅草の浅草寺にお参りするのが、山野家の新年の始まりでした。新日本髪に、華やかな振袖、でも足元は混雑に備えスニーカー。お正月の浅草寺の人出は大変なものですから、私たちが草履で歩くのは困難だろうという両親の心遣いでした。祖父母は「形にこだわるよりも、楽しみなさい」という考えの持ち主ですから、ニコニコと見ているだけでした。

今、一般に、着付けも型にとらわれ過ぎる傾向があるようです。そのためにきものを着るのが面倒で、嫌いになる方もいます。誰もがきものを楽しめる方法で着ることが何より大切だと私は考えています。

新日本髪……江戸時代にその完成を見た日本髪には、代表的な髪型である島田髷《しまだまげ》をはじめ、数多くのバリエーションが生まれました。基本的に前髪、左右の鬢《びん》、後ろの髱《たぼ》、髷《まげ》に四分割し、結い上げますが、その伝統や雰囲気を残して初代・山野愛子が創作したのが、新日本髪です。毛量の多少にかかわらず結える利点や、ウエーブを入れたり、いろいろな工夫が可能なため、昭和二十年代後半から女子の晴着の髪型として大流行。新日本髪は、その可愛らしさが評判となり、現在に至っています。

13 基礎舞踊「ゴースト・バスターズ」

日本舞踊・深水流の家元は女優、歌手と幅広い芸能、文化活動をしていらっしゃる朝丘雪路先生です。文字通り、私とティナにとって偉大なる「お師匠さん」です。

私が、夫の中川巧《たくみ》スタンの前で初めて舞ったのは、朝丘先生の振付けによる「川の流れのように」でした。この曲は、日本を代表する歌手・美空ひばりさんの歌唱であまりにも有名です。朝丘先生の素晴らしい振付けの日本舞踊を、私は涙が出るほど稽古して、人前で何とか踊れるようになりました。

私もティナも、深水流を習い始めた当時は、まだ日本語がよく理解できませんでしたので、なかなか日本舞踊の「チン・トン・シャン」が身体に馴染んでくれません。そこで一計を案じた朝丘先生の苦肉の策は、映画『ゴースト・バスターズ』のテーマ曲を使用して、基礎舞踊を私たちに覚え込ませることでした。浴衣を着て盆踊りの輪よろしく、朝丘先生が中心になって「ゴースト・バスターズ！」でウォーミングアップします。耳慣れた音楽で基礎舞踊を、という素晴らしい発想です。ゴースト・バスターズの後は、チン・トン・シャン。

祖母を通じて、尊敬できる「お師匠さん」にめぐり逢えて本当に良かったと思っています。次にご紹介するニューヨークのカーネギーホールで、日本人として初めて日本舞踊を披露された朝丘先生の姿が、今でも、まぶしく瞼《まぶた》に映し出されるのです。

浴衣………浴衣は平安時代に入浴の際や、湯上がりに着用した麻衣。「湯帷子《ゆかたびら》」ともいいました。江戸時代初めには「盆帷子」と呼んだので、盆に関わりがあった様子もうかがえます。江戸時代に麻から木綿に変わって、庶民にも浴衣が普及しました。

14 美容界デビューは「カーネギーホール」で

アメリカの鉄鋼王、アンドリュー・カーネギーは、二〇世紀初頭に、全米での鉄鋼生産量の四分の一を牛耳った、まさに「アメリカン・ドリーム」を象徴する人で、私の父も崇拝している世界的な立志伝中の人物です。

彼の名を冠した「カーネギーホール」は一八九一年に創設されました。ニューヨークで最も格式の高いホールであり、また、クラシック音楽の殿堂として有名です。かつてイヴ・サンローランをはじめ、多くのファッション・デザイナーが、ニューヨークから流行発信する足掛かりとして、同ホールを借用しようとしましたが「前例がありません」と断られたそうです。日本からも数多くの文化団体、芸能関係者らが接触を試みましたが、徒労に終わったという経緯も聞いています。

父・山野正義は、そうした事情を知りながら、あえてそのカーネギーホールで日本の美容とファッションをテーマにしたショーを開こうと計画しました。

私の想像するところですが、それほどまでに父の気持ちを揺り動かしたのは、自分の母への熱い思いだったようです。初代・山野愛子がわずか一六歳で美容の仕事を始め、一生懸命に美容家人生を駆け抜けている生き方に共感を覚えたからなのだと思います。父は、母である山野愛子への親孝行をしようとしていたのではないでしょうか。

私は、一九歳になったばかりでしたが、祖母の「山野愛子」という名を継いで美容界で本格的に仕事をすることになっていました。ですから、カーネギーホールの舞台に祖母と一緒に立つことは、「山野愛子」継承のお披露目をすることでもあったのです。

私にとっては身に余る舞台が整いつつありました。実は、この交渉には、およそ三年の歳月がかかっていました。父のあらゆる努力を見てきた私は、一九八四年三月一九日、カーネギーホールでの「JAPAN　TODAY」の舞台に祖母と立った時、万感の思いが胸にせまりました。もちろん、新たなる決意をひそかに誓ったのはいうまでもありません。

このデビュー舞台での私のきものは、翌年の成人式で着るつもりだったきものでした。金糸をふんだんに使って配置した打掛を振袖に縫い直したものです。花嫁の色打掛をアレンジしたきものの重さと責任の重さが、文字通り、二重になって私の肩にずっしりとのしかかりました。

舞台構成は、春夏秋冬、日本の四季をイメージして作り上げられました。その舞台は、冬から始まり、雪を見立てた白衣裳の人々の群舞、そして朝丘先生扮する雪女が美しく舞うというものでした。春は桜の花々を手にした「明るさ」、夏は祭りの「華やかさ」、そしてクライマックスの秋は日本の花嫁の「麗《うるわ》しさ」を前面に押し出しました。日本の伝統文化をきものを通じて表現することに終始したのです。盛大な観客の拍手とスタンディング・オベレーションが成功の証でした。日本の伝統美がアメリカでも「Yes」の返事をいただいた瞬間でもありました。

色打掛……打掛は、中世に武家や経済力のある町人の女性たちが用いた服装。公家の袿《うちぎ》姿をまね、小袖を着て帯を締めた上に羽織り、打ち掛けて着用したものをいいます。現代では、花嫁の式服として掛下の帯付き姿の上に装われます。歩く時は裾を持ち上げ、前を掻取って着るため、〝かいどりからげ〟とも呼ばれました。「白無垢《しろむく》打掛」に対して、染、織、刺繍、縫箔などで吉祥文様を表した色柄の打掛を「色打掛」といいます。

15 持ち続けたい意志、可愛らしさ

カーネギーホールの大舞台を踏んでから、私にとって美容界ときものは、より身近なものになりました。

朝丘雪路先生もカーネギーホールでの「ＪＡＰＡＮ　ＴＯＤＡＹ」を機に、翌年、日本舞踊「深水流」を創流され、家元となられました。日本舞踊の基礎を新しいスタイルで伝授するという方法は、全国で人気を博し、家元のお人柄がそのままに受け入れられ、多くのお弟子さんを持たれることとなりました。私とティナは、今もずっと朝丘先生の教えを受け続け、日本舞踊の真髄の何たるかを学ぼうとしています。

私は、後に恵まれた機会を得て、何と歌舞伎座の舞台で深水流の舞踊をご披露することがありました。私が二一歳の時です。どう考えても、歌舞伎座の舞台に立つこと自体が、まるで夢のような出来事です。カーネギーホールの時と同じく、状況こそ違いますが、日本のまさに「夢舞台」を踏みしめたのです。

当時、上智大学に学んでいた私は、他の学生生活の何よりも、きものを着ることを楽しんでいたように思います。それで、本格的なきもの体験を待ち望んでいたのです。歌舞伎座できものを着て舞うことに、胸をときめかせたことを思い出します。

歌舞伎座で妹のティナと「藤娘」を一舞いさせてい

ただいた際、家元である朝丘先生は「可愛かったわ」とほめてくださいました。ところが朝丘先生は、「初代・山野愛子先生は、もっと可愛らしかったのよ」といわれました。「愛子先生が舞妓さんの姿で踊られた時、一二歳くらいの気持ちで踊ってくださいとアドバイスしましたら、愛らしい人形を常に側に置いて、「私は一二歳よ」と何度もおっしゃっていましたからね」と。先生は、そんなふうにして先代の素晴らしさをさりげなく私たちに伝えてくださいました。そして「私も女性として、あの可愛らしさは死ぬまで持っていたい」とも話されました。

日本舞踊は日本文化を具体的に表現する手段の一つだと思います。

現在、売れっ子のヘア・スタイリストとして活躍している従弟《いとこ》のＡＫＩＲＡ（山野晃）さんは、私と同じく朝丘先生のお弟子さんです。二人で日本舞踊を舞ったことがあります。ＡＫＩＲＡさんと最近、その思い出を語り合った時、奇しくも同じように言葉を発しました。

「日本の文化って偉大だよね」

16 西郷どんに紋付袴をスタイリング

初代・山野愛子は、「美道《びどう》」という考え方を提唱しました。「髪、顔、装い、精神美、健康美」の五大原則を追求するトータルビューティの考え方、手段です。国際美容協会は、その美道を社会一般に知らしめることを設立趣旨にしています。それで私どもは「美道」の伝道に役立つならばと、できる限りどのようなことにも協力を惜しまない姿勢でいます。

しかし、この時の依頼ばかりは、余り物事に動じない初代・山野愛子でも、その内容を聞き返すほどのものでした。上野の森にある西郷隆盛像に、紋付、袴を着付けて欲しい、というのです。一八九八年一二月に建立された銅像は、高村光雲作、愛犬ツンは後藤貞行作。着流しで略装の「西郷どん」に正装の紋付、袴を着付けるという奇想天外な要請でした。祖母は、何とそのお話を引き受けてしまいました。

上野公園には、アメリカのグラント将軍や野口英世博士など多くの像が建立されていますが、その玄関ともいうべき上野の山の登山口に西郷隆盛像はあります。像は山の頂から麓を見下ろすように立っています。台座から頭頂まで八メートルはあるでしょうか、像の身長は約四メートル。用意された紋付、袴も特別な仕立てになっていて、これは工夫上手な祖母でなければ着付けられない代物だと思いました。

銅像の前後左右に組まれた櫓に作務衣《さむえ》を身に付けた私たちが登り、足元を気にしながら二時間近くかかって、ようやく西郷隆盛像に正装させることができました。江戸城を無血開城に導いた時、西郷さんはどのような正装だったのでしょうか。

さて、この試行はその後、もう一度行われましたが、その時は、強風にあおられて私たちは大変怖い思いをしました。仮設パイプが揺らいで、上に乗っていた私たちが落ちそうになったのです。「美道」の伝道は、やはり命懸けのことなのでした。

紋付……家紋の付いた衣服。公家が牛車に好みの紋を付けたのは、平安時代。室町時代になって武家が衣服に紋を付け、江戸時代になると、公式の礼服や裃《かみしも》に家紋を付けることが規定されました。町人文化が隆盛となって、これを模倣し、羽織や小袖に紋を付けました。

17

「美着」と「四季の帯」

祖母の晩年には、どこへ出かけるにも私が同行しました。祖母は、側にいる私にきものの知識だけでなく、何でも教えてくれました。私の人間形成の基盤を作ろうとしていたのだと思います。ですから、山野愛子ジェーンの中に、山野愛子は常に生きています。

一九九一年のオランダでの美容イベントの時にも祖母から多くのことを教えられました。祖母のスマイルは、いつものことながら自然に湧き出るものです。決して相手による分け隔てはありません。

それは海外においても変わることがありません。言葉以上のコミュニケーションが、祖母の微笑みでした。外国の要人であっても決して物怖じすることなく、「こんにちは」「ごきげんよろしゅう」「ありがとう」「さようなら」と丁寧に話していました。コミュニケーションがあまり上手ではない日本人が見習うべきすべてを持っていた人です。

オランダへ着て行ったのは「美着（ＢＩＧＩ）」です。これは前に紹介した「二部式きもの」の新バージョンです。一九八〇年代に祖母が商品化し、新感覚のきものとして全国に広まり、重宝されたのでした。きものでありながらワンピースにもなり、ドレスはもちろんイヴニングにも活用できます。また、ジャケットやワンピース、さらにパンツスタイルなど、オールマイティにアレンジできるきものです。素材も選びません。きものの生地だけでなく、洋服地でも仕立てが可能です。したがって和裁、洋裁どちらのデザイナーに仕立ててもらってもいいのです。リバーシブルにすれば、幾通りにもきものを楽しめます。

オランダへ祖母と二人で持って行った美着の一枚は、ポリエステル素材のプリント柄でした。プリント柄の明るさが祖母によくマッチしていました。ポリエステル素材なので、もちろんシワになりません。洗ってもすぐに乾きますから、私たちの旅行には欠かせないアイテムでした。

祖母のアイディアはとどまることを知りませんから、創作帯にも力を注ぎました。このオランダ旅行に締めて行ったのが「四季の帯」で、キルティング素材で軽く、帯型が自由になります。美着と四季の帯で飛行機内での動作は自由自在です。私の母が日本とロサンゼルス間の一五時間をきもので座り続けていた日が夢のようです。

オランダへのツアー同乗者である山野流着装教室の先生方が美着からアッという間に浴衣に着替えて安眠しているのを見て、アテンダントの人たちは目を丸くしていました。それほど着たり着替えたりが楽なきものが美着だということなのです。

美着《BIGI》………初代・山野愛子は、きものとその和装小物にあらゆる創意工夫を試みました。中でも秀逸だったのが、セパレーツ（二部式）きものとして開発された美着でした。和装から洋装、あるいはその逆にも転換できるきものです。

18 ハサミの日

私は山野美容芸術短期大学、山野美容専門学校で教鞭を執るかたわら、全国組織の山野流着装教室を統括する国際美容協会の仕事も初代から受け継ぎました。この国際美容協会では「美道」の追求だけでなく、さまざまな美容奉仕を行っています。

「八月三日はハサミの日」と、今では美容界にとどまらず、一般社会にも知られている記念日があります。私どもは、一九七七年（昭和五二年）以来、毎年八月三日、東京・芝の増上寺に集い「ハサミ供養法要」を営んでいます。古いハサミと新しいハサミの交換が行われ、古いハサミは供養し、新しいハサミには祈願がなされます。

芝の増上寺境内には一九八一年に建立された「聖鋏《はさみ》観音像」があります。この「聖鋏観音像」は、日本を代表する彫刻家・北村西望先生が作られました。西望先生の作品では長崎の平和公園にある「平和祈念像」があまりにも有名です。先生は、長く日本の彫刻界をリードされてきました。

実は、祖母をモデルに絵を描いてくださったことがあります。河原で水鏡をしながら髪を梳《す》いている裸女の絵でした。こんなエピソードがあります。

「私がモデルとうかがいましたが、ずいぶんお乳が垂れ下がっていますね」。そう祖母が少し不満を述べますと、西望先生は「愛子さん、六人も子どもを産んだのですから張っていたら、おかしいでしょう」と、笑いながら、おっしゃったそうです。

そういえば「聖鋏観音像」も祖母に似ているような気がしてなりません。

祖母は、ハサミに感謝することによって、責任ある技術への認識と向上を目指し、さらに人との心の絆《きずな》を深めるのが、ハサミの日の目的であるといつも申しておりました。写真は、祖母をはさんで、私とティナの三人で「聖鋏観音像」に手を合わせている場面です。ハサミの日に着た桜模様の浴衣が懐かしく、目に飛び込んできます。

ハサミ供養……初代・山野愛子は、「針供養」にならって、一九七七年、八月三日を「ハサミの日」と定めました。自分自身の美容家人生を振り返り、ハサミへの感謝の念を、大きな輪にしようという思いからでした。そして、その思いを確かなものとするために、東京・芝の増上寺に「聖鋏観音像」を建立したのです。

19 海外でショーを開く

一九八四年のカーネギーホールでのきものショーの後、私は世界のさまざまな国できものを紹介するようになりました。

九一年には、モスクワで「ソヴィエト連邦・日本文化週間」できものショーを披露し、次いで九四年、ワシントンDCで「ジャパン・フェスティバル」に「きもの歳時記・絹の幻想」と題して四季折々の儀式用の正装のきものをお見せしました。九六年にはラスベガスでネバダ州主催の「ジャパン・フェスティバル・イン・ラスベガス」で「きもので綴る女の半生」の上演、その後も九七年にカナダの首都オタワで、二〇〇一年にはアラブ首長国連邦の首都アブダビでと、海外でのきもののショーが続きました。

さらに二〇〇二年三月にはカリフォルニア州立フルトン大学できもののショーが開かれました。フルトン大学はロサンゼルスから車で東へ一時間ほどのフルトンシティーにありますす。そのフルトン大学で、二〇〇二年三月に「KIMONO：THE WEARABLE ART OF JAPAN（日本の芸術衣裳・着物展）」が開催され、フルトン大学図書館のギャラリー館での展示会で、私の所蔵しているきものや、ファッション・デザイナー桂由美先生のデザインされた結婚衣裳などが展示されました。

日本のきもの文化に大変興味を持ち、情熱を注いで研究しておられる同ギャラリー館長

のベロニカ・チェン教授が企画・運営にあたられ、その展示会のメーンイベントとして「ジェーン山野愛子着物ショー」が三月二二日、フルトン大学のタイタン・ステューデント・パビリオンで開かれました。

また、二〇〇三年四月には、サンフランシスコの「第三六回・桜祭り」できもののショーを開き、十二単《じゅうにひとえ》や七五三、成人式、ブライダルのきものなど、日本の伝統美から洋風のファンタジーキモノまで、さまざまなきものの着こなし方を紹介し、きもの姿でパレードにも参加して沿道に集まった大勢の方々の注目を集めました。この時、フィギュアスケートの金メダリストのクリスティ・ヤマグチさんに着付けをさせていただき、ヤマグチさんもきもの姿でパレードに参加されました。

このように国際的にきものが注目されるようになったのは、世界各地で開かれる「ジャパン・フェスティバル」にきもののショーが組み込まれているからでもあります。

外国の方々が日本のきものを愛し、積極的に研究し、機会あるごとに紹介しようと努力してくださることは、日本人の私たちにとって、とても感謝すべきことだと思います。私たちは、そうした方々のご好意に応える意味でも、もっときものを大切にし、楽しんで接していきたいものです。

20 きものはインターナショナル

私は海外できものを紹介する機会が多いのですが、きものを紹介する方法には、大きくわけて三つの方法があります。第一の方法は、日本の歴史に沿って代表的な、しかも、その歴史の上で大切なポイントとなるきものをお見せする方法です。例えば、十二単を披露し、「かさねの色目」というあでやかな色彩の重なり合いの美しさを、雅楽の音色とともに紹介したりします。

第二の方法は、第一部でお伝えしたように、七五三、成人式など、ライフステージごと

に、その新しいステップをお祝いするために用意されているきものの紹介です。そして第三の方法は、現代の代表的なきものの紹介です。

私は、海外では、おもに第一、第二の方法で、特に日本の伝統美としてのきものの美しさをできるだけ伝えるように心掛けています。海外の人々に日本の伝統のすばらしさを紹介するのは、アメリカに生まれ育ち、しかも日本の伝統を受け継いできた私だからこそできる仕事だと思ってライフワークにしています。

もちろん、日本に住む外国人の方々にもきものを楽しんでいただけるような活動を積極的に行っています。

たとえば、調布市のアメリカンスクールと私たちの短大とは、学生同士の交歓イベントの場を設け、アメリカンスクールの学生さんたちにきものを着ていただいたりしています。

こういった機会に外国人の皆さんが口を揃えておっしゃるのは、次の一言です。

「I want to wear」

きもの姿の私を見るなり、すぐにでも「着てみたい」と全身でアピールするのです。

このイベントは短大の日本人学生にとっても、とてもよい刺激になっています。外国の方がきものに興味を示していることを肌で感じることで、日本の若者がきものの良さをあらためて見直すきっかけにもなっているようです。

その他にも、私が大学生の頃から続けている、東京アメリカンクラブのメンバーの方々への着付け教室など、時間の都合が付くかぎり、日本在住の外国の方々にきものを楽しんでいただけるようにしています。

また、妹のティナの長男・ジェームズ正夫と次男・ブランドン義一は今、聖心インターナショナル・スクールに在籍していますが、この学校では、印半纏やアレンジしたきもの姿で六歳から一〇歳までの在校生が集い、日本の遊びに触れたり、学習成果を発表したりしています。ティナは同校の教師や保護者の方々にきものの着付けをするなど、父兄を代表して応援に駆け付けています。

最近は、海外に留学したり外国で暮らしたりする人も増えていますが、海外では必ずといってよいほど、きものについて訊ねられると思います。そんな時に、「きものなんて知らないし、着たこともない……」などとしか答えられないのは寂しいことだと思いませんか？　海外でも困らないように、きものの基本的な知識と着方を身に付けておくようにお勧めします。

Jane's Collection 1999 **Fantasy**

Jane's Collection 2000 *Reflections*

Jane's Collection 2001

Dreams

Jane's Collection 2003

(株)美容の友社「ヘアと帯結び 22 集」より(平成 15 年 8 月 25 日)

第二部

JANE'S KIMONO STYLING

1 さまざまなシーンでトライしてみましょう

みなさんはどんな時にきものを着ますか？　成人式、結婚式……？　私は、第一部で書いたように、生まれてすぐに「鳳凰《ほうおう》」の掛け着を身に付けてから、ひな祭り、七五三、お正月、盆踊りと、さまざまなシチュエーションできものを着ました。アメリカに長く住んでいたことで、かえって同世代の日本人女性よりも、きものに接する機会が多かったのかもしれません。

最近、夏の花火大会や盆踊りなどで、若い女性たちが浴衣を着ているのをよく目にするようになりました。浴衣姿の女の子たちが街を歩いている様子はとても美しく、かわいらしくて、思わず見とれてしまいます。

こうして、ふだんからきものを楽しむようになったのは、とてもよいことだと思います。もちろん、成人式や結婚式などの大きなイベント、あるいはパーティなどの正式な場所での正装としてきちんときものを身に付けることも大切ですが、それだけでなく、ちょっとした外出や友達同士で出かける時など、「少しオシャレしたいな」という気分の時には、ぜひきものに挑戦してください。もちろん、大切な人とのデートの時にもトライしてみましょう。彼のあなたを見る目が変わるかもしれません。

2 自分のセンスで自由にアレンジ

きものを着たいと思っても、着るチャンスがないし、着方もわからないという声をよく聞きます。そんな時は、頭の中のスイッチを切り替えて、自分からチャンスを作ってみてください。

例えば、学校や会社の帰りにお友達同士のプチパーティや花火大会がある日には、朝は少し大きめのバックにきものと帯を詰めてミュールなどで出かけます。オフィスでは、備えておいた靴に履き替えて仕事をこなし、退社時にお化粧室などでさっと着替えて現れたら、きっとみんなビックリするはず。あなたは間違いなく人気者になるでしょう。

浴衣の丈を思い切って短くして膝丈《ひざたけ》にするのもかわいらしいですし、洋装っぽくアレン

きものの柄とネクタイの柄を合わせた装い

ジするのもいいと思います。ぜひみなさんの自由な発想であなただけの新しいきものの楽しみ方を発見してください。

少しフォーマルなパーティであれば、ぜひきものをおすすめします。きものを着ているだけで、主催者や主賓に対して敬意を表しているというメッセージを送れます。ただ、いつも同じきものばかりではつまらないし、新鮮さに欠けてしまう、と気になるのであれば、きものファンのお友達ときものを貸し借りするなど、ワードローブを広げてみるのも楽しいでしょう。年齢にもスタイルにも関係なく、あなたのセンスで着こなせることも、きものの魅力の一つなのですから。

3 クイック・イメージチェンジ

きものを着ることの楽しみの一つには、イメージチェンジがあります。いつもと違う自分の雰囲気を作り出すことは、思いがけない自分を発見することにもつながります。私自身、まだ結婚する前の話になりますが、夫のスタン（山野学苑総括）とのデートはいつもロサンゼルスでしたので、きもの姿を披露する機会はなかったのですが、ある時、スタンのほうから「今度、僕のためにきものでデートしてくれますか？」と聞かれたことがありました。

勿論、私は約束通りきものを着て、スタンに会いに行きました。日系人の彼にとって、きものは珍しいものではありませんでしたが、「とても綺麗だね、アップスタイルも似合っていますよ」と嬉しそうに誉めてくれました。

女性にとってイメージチェンジはちょっとした冒険ですから、周りの人達の反応が気になります。シャイな日本の男性がもっときもの姿を誉めてくれたら、きっとみんなきものを好きになるはずですね。

私は仕事柄、一日に何度も着たり脱いだりを繰り返していますが、いつも時間に追われているので、ヘアのセットからきものを着終わるまで一五分を目安にしています。時間をかけすぎると周りの方をお待たせしたり、着るのが面倒になってしまうので、手早く綺麗に着る方法をいろいろ考えています。

4 簡単にできるまとめ髪

きもののヘアスタイルといいますとアップスタイルが一般的とされていますが、それは衣紋《えもん》の抜き具合や帯型の大きさなど、全体のバランスを考えてのことといえましょう。

特にきものでは、横や後から見た時のシルエットに気を配り、きものの格、外出先に応じた着こなし、帯型などトータルバランスを重視したスタイリングが大切です。

例えば、まとめ髪の場合、髪を束ねる位置にも美しく見えるバランスの良いポイントがあります。

その構図を理解しておけば、ご自分でも綺麗なアップスタイルを作ることができるのです。また、まとめ髪というとロングヘアの方というイメージがありますが、ショートの方でも、今は多種類のかつらやピースがあるので様々なスタイルを楽しめます。

まず、ピースを付けるための土台を作ります。土台は、一般的には豪華で華やかなきもの時は高い位置に、普段着や控え目な装いでは低い位置に作ります。また年齢が高くなるにつれて髪を束ねるポイントが低いほうが全体のバランスがよいことも覚えておきましょう。

図1 年齢の若い方向き．振袖での豪華な装いや浴衣でのポップな雰囲気にピッタリ．

髪の長い方は一つに束ねてお団子状に、短い方は毛を後ろに流しながらピンで留め、いずれも生え際からの毛の流れと土台の位置とにつながりをもたせるように形付けます。短い髪はピンを交差するように留めるとしっかり固定されます。

土台の位置には、美容師が「ゴールデン・ポイント」と呼ぶ、あごのラインを美しく見せ、最も華やかな印象

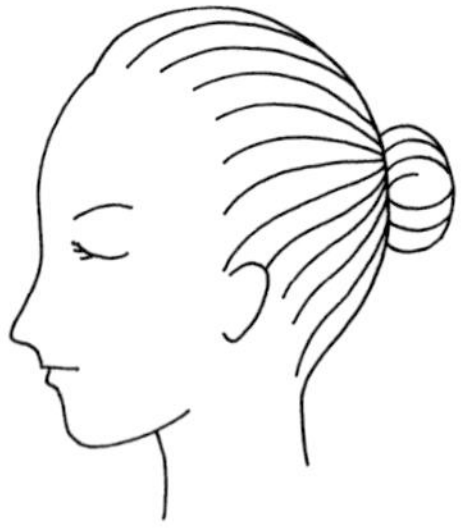

図2 訪問着やパーティなど，ミセスの華やかな外出時に．

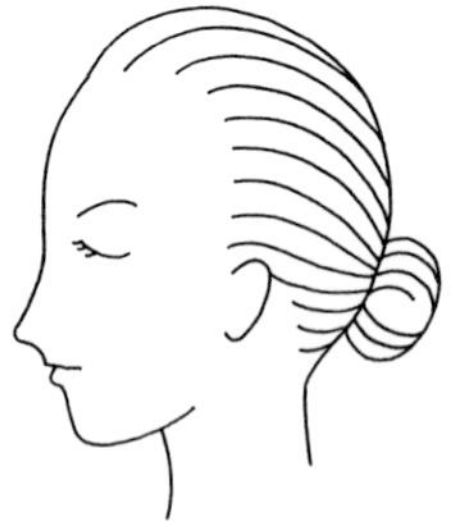

図3 年齢の高い方向き．留袖には大きめのピース，仏事には小さいシニヨンでアレンジ．

を与えるポイント（図1）、目の位置とほぼ水平で横顔に丸みを帯びてかわいい雰囲気を与えるポイント（図2）、頭上と顎《あご》と髷《まげ》を三角形に結んだ底辺が安定し、落ち着いた優しい表情を醸《かも》し出すポイント（図3）などがあります。

その土台の上に、年齢やご自分の雰囲気に合ったピースを重ねて楽しみましょう。前髪はホットカーラーを後方に向けて巻き、形が付いたらブラシや手櫛《てぐし》で軽くふんわり整えると顔の周りが明るく見えます。

女性にとってヘアスタイルは、美しさや個性をより引き立たせるものです。ＴＰＯに応じたあなたならではの演出を期待しています。

5 きもののメイク

きものを着たからといって特別なメイクをしなければならないということはありません。少し前までは、きものには白っぽい肌、赤っぽい口紅、笹眉《ささまゆ》などが一般的とされていましたが、いつもの顔と違って気になるという方には、自分の雰囲気や個性を活かした、自分に似合うメイクアップをするようお勧めしています。

きものを着た時には、いつもより色目が薄くならないように気を付けます。きものは洋服よりアピール度が高いので、いつものままのメイクではきものに負けてしまいがちです。ですから、口紅の色を明るくしたり、頬紅を少し足したりして顔にもアクセントを付けてほしいものです。ただし、顔の中の全てのパーツに気合が入りすぎると、ビックリメイクになりますからご注意を。足したり引いたりがプロのテクニックです。

洋服でもきものでも、私自身がメイクアップで気を付けているのは、いかに肌を美しく生き生きと見せるかということです。最近は、ナチュラルメイクが主流になっていますが、ほとんどメイクをしないことがナチュラルなのではなく、自然で健康的な素肌に見せるベース作りがポイントになっています。ベース作りで大切なことは色選び。頬と首の境目で色を試し、洋服の時はほぼ肌と同色を、きものの時は少しだけ明るめの色がよいでしょう。

メイクを長持ちさせるには、リキッドファンデーションとパウダーを上手に使うと効果的です。お化粧直しの時間がない時やステージのライトなどで汗をかきやすい時は、リキッドファンデーションをスポンジでのばした後、一度軽くお粉で叩いてからパウダーファンデーションを使ったりもします。リキッドの場合、いったん掌《てのひら》にのせて馴染ませてから肌に付けると、のびがよく綺麗におさまります。

目の下のクマやシミは、ベース作りの段階で少量のコンシーラーで押さえるようにカバーします。付けすぎたりこすったりするとベースまで崩してしまうので、手の甲などで馴染ませてから使用するのがよいでしょう。

眉毛は、もともとのご自分の形を上手く活かしましょう。きものには、柔らかいアーチ型が似合います。眉頭をパウダー、眉尻をペンシルでと使い分けると綺麗に描けます。眉尻は年齢と共に少しずつ下がってくるので、お手入れには気を付けましょう。

口紅は、若々しいイメージを保つために口角を上げ気味にふっくらと描くと、優しく見えてきものの雰囲気が出てきます。また、リップライナーで輪郭を取って、パウダーで軽く押さえてから輪郭の中を塗ると長持ちします。きものの柄の一色をメイクに取り入れると全体のバランスが取りやすいので、ビギナーにはお勧めです。ブラシやチップで色をのせる際は、パレット上で色をしっかり取って、必ず手の甲などで余分を落としてから使用すると色持ちがよくなります。着るものだけではなく、その日の気分でメイクも着替えてみてください。

常に新しい自分を発見するのが、ジェーン流のスタイリングなのです。

6 「腰あげきもの」はスピィーディー

きものの最大の魅力は、どんな体型の人とでも共有できるということにあります。おはしょりを調節することで、背の高い人と低い人のどちらにも適応できます。

でも、このおはしょりの調節は、きものを着る際の面倒なことの一つにあげられます。

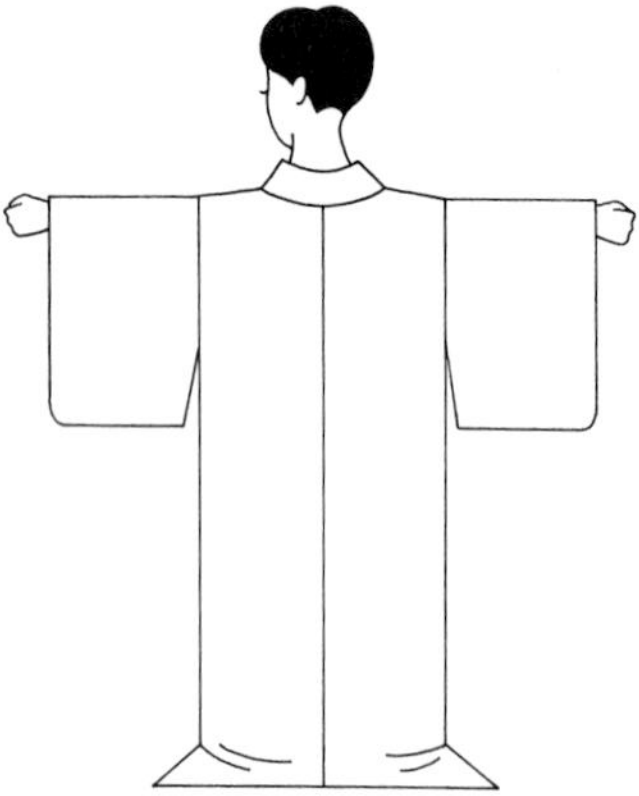

図1

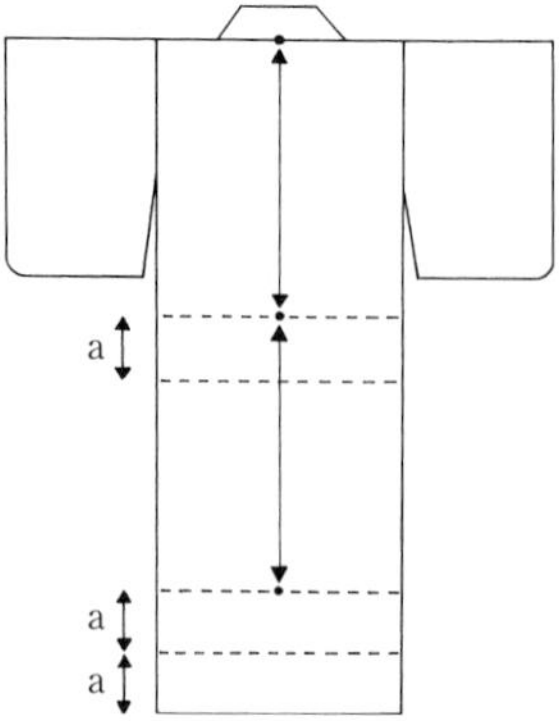

図2

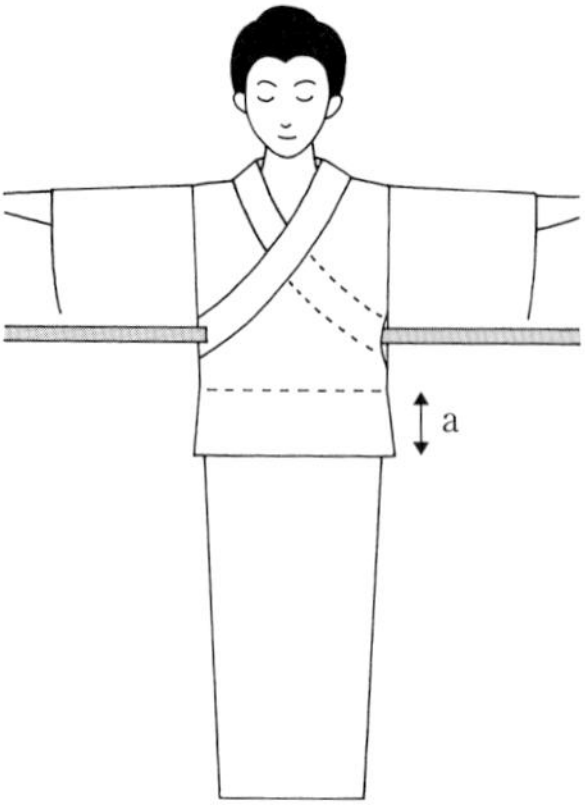

図3

図1　きものを羽織って、裾（すそ）の引きずる長さを計り、更にその半分の長さを計ります＝a。

図2　身丈の半分の位置に印をしてaの長さ分をつまみ、一定間隔で縫います。

図3　きものを着た時の身八つ口どまりの延長線上の衿（えり）に紐を付けて出来上がり。

長いきものを腹部で折り込んで調整するためには、紐《ひも》を何本も使ったりするからです。そこで、きものの丈をあらかじめ自分に合わせて縫っておく方法を覚えておくと、楽に着られるようになります。第一部で、私が幼い頃に着ていたと説明した「腰あげきもの」です。これは、七五三の時に、ほとんどの家庭で、先々の成長を考えて大きめの着物を用意して、子どもの体型に合わせて肩あげ、腰あげするのと同じやり方です。

自分しか着ないと分かっていれば、適度な長さにたたみ、糸で縫っておきます。そうしておくと、袖を通しただけですぐに帯を付けられ、結び終わればできあがりとなります。生地によってはきものを傷めてしまうかもしれませんから、すべてのきものを腰あげしておこうと勧めているのではありません。日常的に着るための簡略化の方法です。

7 堅苦しく考えないで

きものをきちんと着るには、いろいろな決まりごとがありますし、しっかりとした準備も必要です。でも、だからといって、着付けを習いに行かないと着られないとか、堅苦しい、面倒くさい、などと思う必要はありません。

そもそも昔は日常的に着ていたものですから、本当は楽に着られるのです。さきに紹介した二部式きもののように、簡単に着られるものもあります。二部式きものや浴衣のように、構えないで着ることができるものから始めてみてください。「堅苦しい」という思い込みを取り払ってしまいましょう。

もちろん、正式な着物の着方を習いたいという方は大歓迎です。初めの一歩が踏み込めれば、自己流よりは短い時間で上手に着られるようになるでしょうし、自信にもつながります。

それから、何十万円もする高価なきものもありますが、はじめから高価なものを身に付ける必要はありません。家のタンスのなかに仕舞われているお母さまやおばあさまのきものを借りてみるのもよいでしょう。最近はデパートなどでも手軽な値段で買えるきものがたくさんあります。

まずは、きものに親しんでください。そうしているうちに、いろいろなきものを着てみたくなるでしょうし、一枚、二枚と好きな織りや柄のきものを増やしていきたくもなるでしょう。それも楽しみなものです。

本当の豊かさとは、自分にとってかけがえのないものを大切にして生活していく中で作られていくものでしょう。きものは、そういう生活スタイルを創るのにふさわしいものです。

8 身近なものを帯に利用しましょう

帯型へのコンプレックスから自由になりましょう。帯はこう結ばなければならない、という考えにとらわれずに、いろいろな工夫をして結びましょう。帯として作られた一般の帯のほかにも、帯として使えるものが身の回りには意外とあるものです。

例えば、大きいスカーフやシフォンストールなどを利用するのもいいでしょう。そうすると、色や柄、大きさなどバリエーションが豊富になりますから、スタイリングの自由度が高くなります。

スカーフなどをお腹に二度巻いて、前で好きな形に結びます。結び方も自由でいいので

す。蝶々風にするもよし、垂らすもよし。形が整ったと思ったら、その結び目を後ろに回してください。そのあとで、帯板を一枚目と二枚目の間にはさみ込み、形を整えます。

ところで、実は、後姿に表情を持っているところに、きもの姿の特徴があるといえます。帯結びのルーツは、原始的な、前で結ぶ単なる紐結びから始まり、次第に幅やボリュームが増したために前では邪魔になって後ろで結ぶように変わりました。

「見返り美人」という言葉があります。日本独特の後姿の美しさをいっています。きもの姿のよさはこの言葉にも象徴されているように思われます。歴史と共に変化をとげて来た帯結び。あなたなりのメッセージを創り出す面白さが、ここにもきっとあるはずです。

9 帯の簡単アレンジ

伝統的な帯を使っても、簡単に結べてよい形にできる方法があります。

まず、帯を選びます。紐も一本用意してください。帯を平らなところに置き、端から胴幅を計り、三回くらい屛風のようにたたみます。二度目は最初の長さ（胴幅）より少し長めのところでたたみます。さらに三度目は二度目より長めにたたむのがポイントです（図1）。

次に、そのたたまれた部分の中心を紐で結びます。結ぶ時は、紐の中心を輪にしてその中に紐の両端を通して引き上げます（図2・3）。さらに結び目のきわの帯を半分に折り、中心の紐を隠すように下から軽く一回巻き付けて（図4）、その輪の中に残りの帯を引き抜いて中心の形を整えます（図5）。結び終わると、屛風だたみはリボンの形で固定されます（図6）。

もう一度形を綺麗に整えて、背中に背負うようにして紐を左右に振り分け、前に回して身体に固定します。

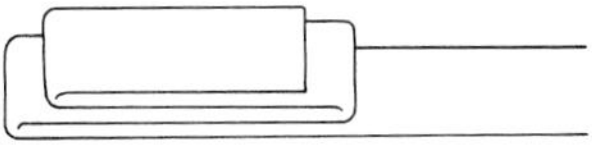

図1

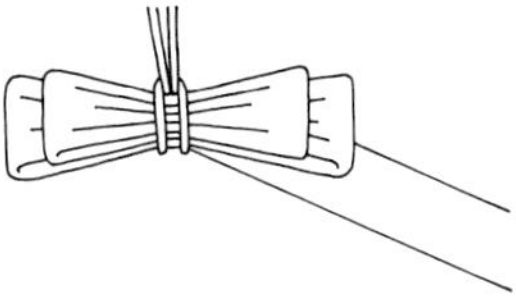

図2

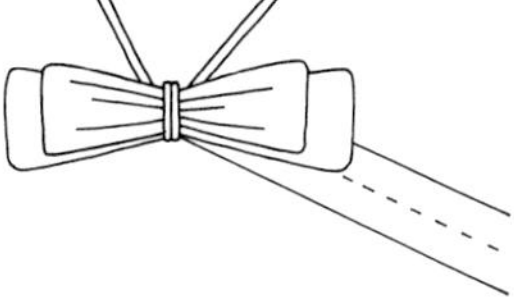

図3

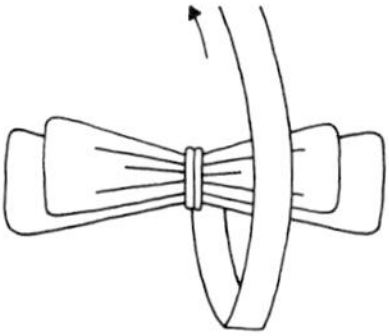

図4

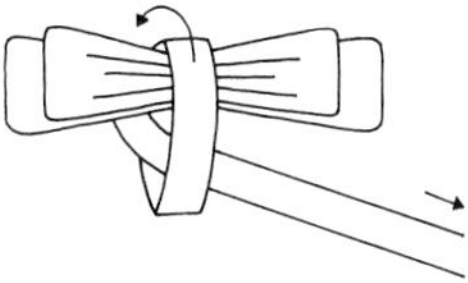

図5

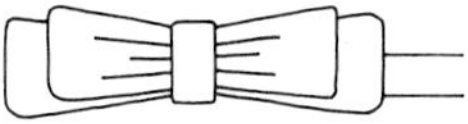

図6

残った帯を身体に巻き付けて、帯の端を帯にはさみ込みます。はさむ位置が結び目の下あたりになるように工夫して下さい。

10 チェアウォーカーのためのきもの

私たちの大学では、週末、教員や学生たちがボランティアで様々な福祉施設を訪れます。「おしゃれをする喜び」に少し縁遠い施設での生活に、簡単なヘアのお手入れやメイク、ファッションを提供する、そんなお手伝いをするためにうかがうのです。

学生たちは、利用者の方々との関わりの中で、その嬉しそうな顔を見ると目を輝かせます。そんな学生たちが、今はたのもしくさえ思えるようになってきました。

そのお手伝いの中に、車椅子を利用する人に着付けをさせていただくボランティアがあります。車椅子生活の人たちは、「チェアウォーカー」と呼ばれています。祖母・山野愛子の晩年は車椅子生活でした。きものが大好きだった祖母は、どんな時もきものを着ていたかったたに違いありません。でも当時は横たわった状態でしかきものが着られなかったり、特別なきものでしか着脱ができないように思われていましたから、いつでも着るというわけにはいきませんでした。

ところが、振袖で成人式に出たり、留袖で子どもの結婚式に出てみたいというチェアウォーカーの方々が多くいらっしゃると分かりました。そういう人たちの強い願いを受けて、私は、車椅子のままでも簡単にきものを着る方法を考えてみました。

まず、長襦袢《ながじゅばん》までは本人の状態に合わせて着てもらいます。洋服の上に半衿を付けるだけでもよいのです。次に、車椅子の中心にきものの中心を合わせて広げ、フットレストの高さに裾を合わせて整えます。

車椅子に移乗後、きものを羽織り、胸元とおはしょりを整えて両方の衿先を着物ベルトで止め、伊達じめで押さえます。あとはあらかじめ作っておいた帯を付けて、小物を整えたら出来上がりです。紐を締める作業があり

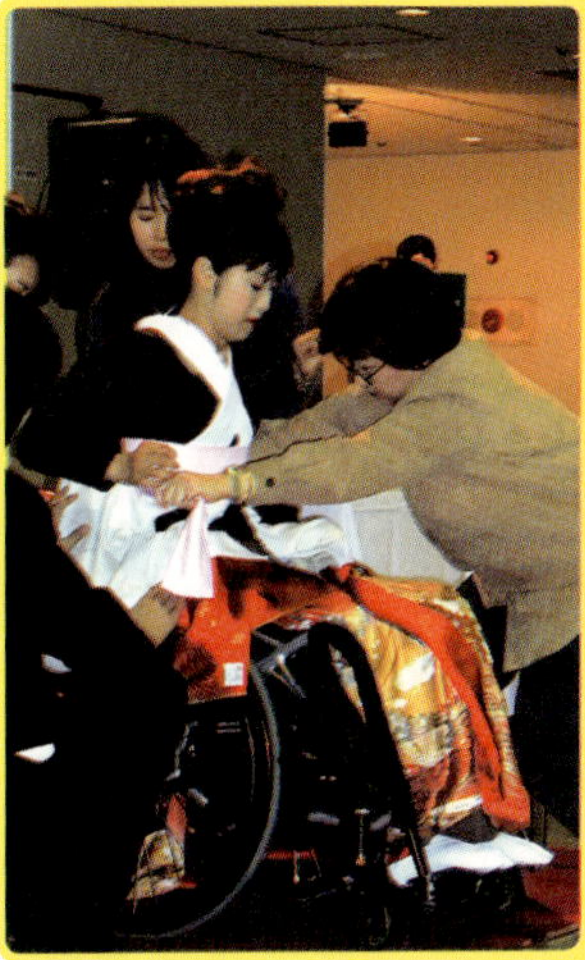

チェアウォーカー着付けのデモンストレーション

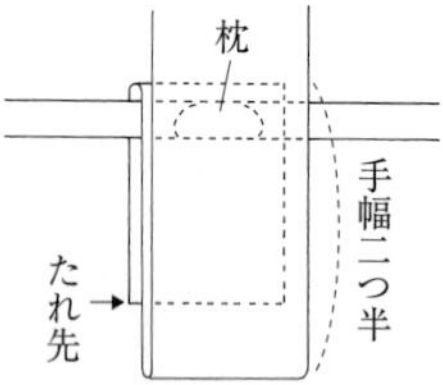

図1 たれ先から手幅2つを測り帯枕をあて，帯をかぶせて帯山から手幅2つ半のところで折り返す.

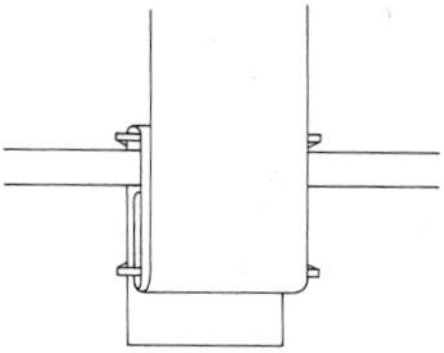

図2 帯山から手幅1つ半で内側に折り上げ，お太鼓の形を整える.

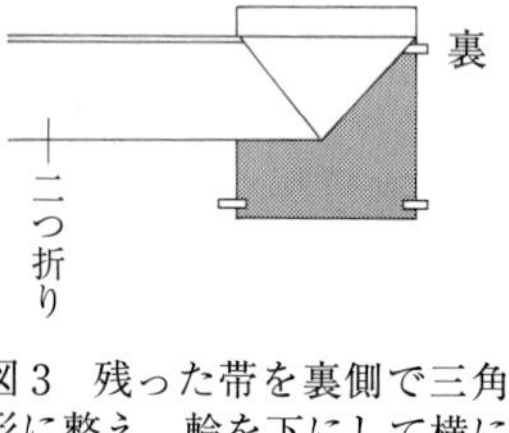

図3　残った帯を裏側で三角形に整え，輪を下にして横に流す.

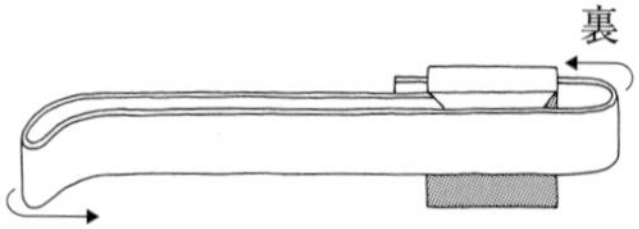

図4 帯を矢印の方向に折り返し，手先をお太鼓の2枚目と3枚目の間に通す.

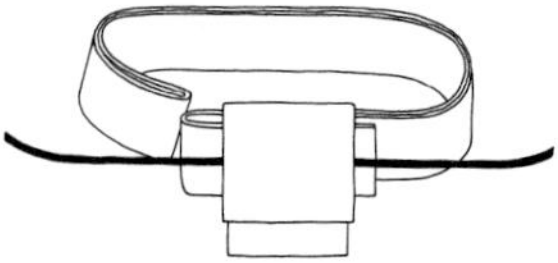

図5 このまま胴に巻き，余分の帯は背中側に入れ込み，帯じめで押さえる.

ませんから、身体に負担をかけることもありませんし、きものも帯もそのまま切らずに使用できます。

チェアウォーカーの間にきもの愛好者が増えているのは、着るのが数分という簡単さ、着ていて楽、そんなところが理由かと思います。

人を美しく幸せにしたい、それが私たち美容師やきもののスタイリストの仕事です。チェアウォーカーのためのきものの着付けも、これからますますニーズが高まってゆくだろうと期待しています。

11 フリースタイルの提案

私のアメリカの祖父・シゲオ木村は、私たちによくこういいました。

「何事もやらずにできないといってはいけないよ。とにかくトライしてごらん。それでダメでもいいじゃないか」

私が、一九歳で美容界に入ることになった時、いろいろ思い悩んだ末に、最後に決断させてくれたのもこの言葉でした。とにかく一歩踏み出すこと、スタート地点であきらめるのではなく、何にでもチャレンジしてみることの大切さを教えてくれる言葉です。

私はいつもこの言葉を忘れずに、いろいろなことに挑戦して、新しい世界を切り拓くことを心掛けてきました。もちろん失敗することもありますが、何かを成し遂げたときの喜びは大きいものです。

きものの世界でも同じことがいえます。

きものには古い伝統やしきたり、決まりごとがたくさんあります。それらを守っていくことは大切ですが、だからといって、古いものに縛られる必要はありません。きものを楽しく着るためには、いろいろなことにチャレンジしてどんどん新しいものを取り入れていった方が、楽しみも増えるのではないでしょうか。

以前、ロサンゼルスで開いたきもののショーが、全米向けのテレビニュースで紹介されたことがあります。その時、私は鮮やかなブルーのきものを着ていたので、インタビュアーは、そのブルーのきものに注目しました。よく目にする伝統的な和服の色彩とは異なっていたからでしょう。

実はこれは私のお気に入りの色なのです。

私はスキューバダイビングが大好きで、時間を見つけてはよく南の海に潜りに行きます。美しい珊瑚礁に色とりどりの魚たち……、海の中は別世界で、どんなに疲れてストレスが溜まっていても、嫌なことはすっかり忘れてしまうほどリラックスできます。

ある時、水中でふと上を見上げると、太陽の光が海の中まで差し込んできていました。キラキラと反射しながら輝く青い水中世界の美しさは言葉ではとても表現できません。

私のブルーのきものは、その時の海の中の美しい情景をイメージしてデザインしたものだったのです。

美しいもの、素敵なものは、身の周りにたくさんあります。みなさんも自分のお気に入りのもの、大切なものを自由にきものにデザインしたりアレンジしたりして、新しいきものの楽しみ方にチャレンジしてみてください。

12 振袖フリースタイル

国際美容協会の主催で毎年行っている「インターナショナル・ビューティ・フォーラム」には、留袖、振袖のコンテスト部門のほかに、きものを若い人たちにもっと自由に楽しんでいただきたいという私の思いから提案して設けた「振袖フリースタイル」というコンテスト部門があります。これは美容学校の学生を対象としたコンテストで、自由な発想で振袖をアレンジするものです。学生たちはとにかく斬新な発想できもののスタイリングとそのトータル・コーディネイトに知恵をしぼります。振袖フリースタイルの制作条件は、振袖と帯はそのまま切らずに利用し、個人のアイデアで自由に創りあげるというものです。アクセサリー小物の活用は自由にしています。

きものの固定観念にとらわれている人が「振袖フリースタイル」のコンテストを見たら、きっと目を丸くするかもしれません。洋風のドレスのようなものから、エスニック調、近未来風まで、鮮やかな色彩のものや素肌を大胆に露出させたコーディネイトなど、「これ

留袖の着付けの腕を競う、コンテストの留袖部門

がきもの？　きもの姿？」と思わず目を疑ってしまうようなデザインやクリエイティブなファッションが舞台の上にずらりと並ぶのですから。このコンテストは、きものに関係する方々に大きなインパクトを与えているようです。

でも、私はこれは素晴らしいことだと思っています。伝統的なきものの美しさと同じくらい、新しい大胆なデザインのきものを美しいと思うからです。きものは自分の個性を表現するものです。ですから、自由な発想で楽しんでよいのではないでしょうか。

山野美容芸術短期大学や山野美容専門学校の学生たちは、同世代の若者たちに比べて、

自由な発想できものを楽しむ振袖フリースタイル

日頃からきものに接するチャンスが多く与えられていますが、それでも、わずか二年で美容にかかわるすべてのカリキュラムの単位を取得し、なおかつきもののエキスパートになることは難しいことです。けれども、このコンテストに参加することは、何かをつかむ大きなきっかけとなるようです。

次に、コンテストに参加した学生の声をご紹介します。

◆自分を思う存分に表現したい（野村沙織さん・美容芸術学科）

フリースタイルという条件は、自分を思う存分に表現できるのですが、創意工夫の難しさがあります。私は過去の入賞作品を見て、それよりも楽しいものでないといけない、というプレッシャーを感じました。個人的には、伝統的なものを崩したくないという思いはあります。でも、おそらくきものの着方は無限にあるのでしょうね。よく考えてみれば、他の伝統技術も同じです。新しいものはたぶん、時代の流れの中で変わっていきます。しかし、伝統は変わらない。だからといって、他の人と同じは嫌だという思いもあります。私も夏には浴衣を着ます。普通にくるぶしまでの着丈で着ていますが、

野村さんがデザインしたきもの

丈を短くして膝までにしたり、袖に工夫をしたりして着るのもあってよいと考えています。

実は、将来の夢をいいますと、毎日きものを着て生活している、フツーのおばあちゃんになりたいのです。おばあちゃんになると、似合う洋服は限られるし、それならきものの方がバリエーションは無限だし、色も柄も、そして帯も小物も楽しめる。きものは若い人よりおばあちゃんの方がよく似合うかもしれません。そう思いませんか？

◆喜びと達成感（広瀬真耶さん・美容福祉学科）

短大入学以前は特にきものを着たりしたことはありません。ただ、家には母や祖母のきものが多少ありました。また、母方の祖母は踊りを習っていますので、結構きものを着ています。短大に入ってきものを着ることを習って、面白いと感じました。それまではきものを着るのは難しいと思っていたのです。でもそうでもないとわかりました。はじめは浴衣の着方を習い、それから留袖の着方を習いました。夏休み前に着ることができるようになりましたから、夏休みには自分で浴衣を着たり友達に着せてあげたりしました。

「フリースタイル」とは、はじめは何だかわからなかったのです。型にはまった着方しか知りませんでしたから。フリースタイルに挑戦して、いろいろな着方ができるのだと知ってすごく興味が湧きました。きものなんだけれど、きものではないような感じです。コンテストの作品は、きものをドレス風にウェディングの場で着れたらいいなと思って作りました。ドレスでもきものでも正式の着方があります。その正式な着方を崩す。そういう着方をしてみてもよいのではないでしょうか。

ジェーン先生のきものは、一通りの着方ではなくて、ドレスに変わったり、いろいろ

ドレス風にきものをアレンジ

になるので面白いと思います。それに、どのような着方をしてもラインが美しくできていて素晴らしいです。

私は、自分だけのきものを作りたいと思っています。他の人と同じ物を作っても面白くないし、自分の中でも納得がいかないと思うからです。形ができているきものを変えるのは難しいですけど、その中で「これがきものなの?」という驚きを与えられるといいですね。

◆きものを着る日常を楽しむ(南雲由子さん・美容保健学科)

「振袖フリースタイル」のコンテストでは、「和」のイメージをあまり表現しないようにしました。私の意識の中で、「きもの」「和」というと、赤・黒など、鮮明で主張のある色がバーンとあって、柄も華やかに構築された、派手な雰囲気を感じていました。私はきものの素材美、色彩美、調和美に強く惹かれます。何といってもきものは舞台映えがすごいですね。特に柄に強く惹かれます。

わが家には、祖母や母のきものがたくさんあります。小紋、留袖、道行、それに私の七五三の晴着と振袖。もちろん、家族がきものを着るのは特別な場面だけです。ただ、母は幼い頃から踊りを習っていたので、自分できものを着ることができます。アンティークなきものには、あたたかさを感じます。きものそのものに、しみついている有機的な何かを感じるのです。息づいているというか、独特な、あたたかい温度が感じられるように思うのです。それがいいのです。

友達にもきものを一枚や二枚持っている人はたくさんいます。私が「きものはいいよね」といって、驚く子はいません。でも、普通の子はふだん着る場面は少ないですし、着ていられないです。私の場合、山野美容芸術短大に入って、一週間に一度は着る機会

「SPLEEN(憂鬱)」というタイトルの南雲さんの作品

があります。大学に入学した年の大晦日は、自分で着て、友達と初詣に出かけました。着付けを習って、はじめてきものが自分のものになったという印象です。ですから、肩《かた》肘《ひじ》張ってきものを感じるということはなくなりました。今は日常的にきものを着て楽しんでいます。

13

私の結婚式

きものスタイルにおける最高の見せ場は、何といっても結婚式でしょう。

しかし、現在、二つの変化が起きています。一つは、仲人なしの結婚式が増えていること。もう一つは、文金高島田に人気がないことです。

二つに共通している問題点は、形式にとらわれすぎていること、個性がないことです。

今の人々は、自分を中心において幸せを求めるという考えに立っていますから、結婚式に

肩に張りを持たせた、夫・スタンの和装

しても本人同士が自由に演出し楽しみたいと考えるようになりました。

私とスタンはアメリカ育ちですが、日本人です。私たちの結婚式は、アメリカと日本の良いところを取り入れて個性を出したいと考えました。幸せなことに、私はアメリカと日本の両方で式を挙げたので、ほとんどの希望をかなえることができたのです。

アメリカではお色直しの習慣がありませんから、行きつけのヘアスタイリストさんを自宅に招いて花嫁の支度を整え、リムジンなどで式場に向かうことが多いのです。そして、式はブライダルプランナーと何度も相談して演出などが決められます。

私はアメリカではより日本的な雰囲気を出したいと思い、パーティでの衣装は桂由美先生デザインの真っ赤な総刺繍の打掛と尾長のかつらを選びました。

若い花嫁のかつら離れの原因には、かつらの毛の色があります。ヘアのカラーリングが当たり前の現代に、黒髪のかつらが顔に似合わないと思ってしまうのでしょう。私自身も、髪の色目に不安を感じていましたので、水口和聡先生(かつら里久)にお願いをして、普段の髪の毛と同じ色目のかつらと尾長を結い上げていただきました。

そして逆に日本では、お色直しも楽しみの一つとされていますから、何着ものクイックチェンジを致しました。これは本当に大変でした。楽屋裏での早変わりはショーで慣れてはいますが、ヘア、メイク、きものを五分程度でとのことでしたので、私を囲んで上から下への大騒ぎ。はっと気が付くと、スタンが「僕のは誰もやってくれないのだけど、どうするの」というので大爆笑でした。

スタンの和装は、桂由美先生考案の肩に張りを持たせた「肩衣《かたごろも》」が大変好評でした。歴史の中から探し出して現代風にアレンジした桂先生の先見性はすばらしいと思います。

ヘアは、かつらを好まないお嬢様方への提案になればと思い、自分の髪の毛にいろいろなピースでアレンジする方法に致しました。衣装に合わせてヘアスタイルをアレンジすることは、カップルでのコーディネイトに個性を活かせて嬉しいと若い方達にとても好評を得ています。

14 ブライダルの装い

ファッションデザイナーの桂由美先生とは、一九九三年に「ミス・インターナショナル」の審査員として同席したのがきっかけで親しくさせていただくようになりました。

桂先生は、ご存知のようにファッションデザイン、特にウエディングドレスに関しては世界のトップデザイナーです。桂由美先生は洋装のウエディングがご専門ですが、同時にきものへの造詣も深く、和装花嫁の衣裳デザインも数多く手掛けられています。二〇〇三年一月、パリで行われたオートクチュールで女優・深田恭子さんが着た斬新なきものは記憶に新しいところです。

私が桂由美先生と時間がたつのも忘れてお話しするのは、やはり現代に調和する結婚式

ブライダル・サミットでの模擬結婚式

の装いについてです。桂先生主催の「グランドコレクション」の着装のお手伝いをしたり、最近では「アジア・ブライダル・サミット」でご一緒することも多くなりました。「アジア・ブライダル・サミット」はアジア各国の方々が集い、ブライダルのあり方や伝統について意見の交換をする場です。

「文化というものは、一度途絶えてしまったら二度と復興することができません」と、力を込めていわれる桂先生のメッセージは、サミットに集まる各国からの参加者たちの心を動かしています。

二〇〇三年で九回目を迎える同サミットは、二〇〇二年夏、久々に日本の大阪で開催され、韓国、中国、フィリピン、インドネシア、インドの六ヵ国代表が参加しました。印象深かったのは民族衣裳での婚礼が減っていることに議

現代的感覚と伝統が共存したブライダルの装い
（衣裳・桂由美ブライダルハウスきものサロン）

論の焦点が集まったことでした。しかし、伝統に固執することはなく、現代の風習や感覚に合わせていくのも必要、ということで見解が一致し、同サミットの幕を閉じました。

私は、常にクラシックとモダンの共存を大切にしたいと考えています。ブライダルにおいてもまさに同じです。

「クラシックとモダンの共存」は、日本を含めてアジア諸国のブライダル事情を考えていく上で大切なキーワードでしょう。桂由美先生とともに、広く世界のファッション情報を得て、日本のきもの文化の発展に積極的に貢献するよう努めたいと思っています。

15 クラシックとモダンの共存

伝統的な美しさを大切にしながら、新しい美の価値観を創造すること、クラシックとモダンの共存が、これからのきものの新しい楽しみ方だと思っています。

そしてまた、きものはクラシックとモダンと二つの流れが続きながら、モダンがクラシックに影響を与え、新しいきもの文化に発展するということも考えられます。

人々は、特に若い人たちはさまざまな分野で、いろいろな素材を使って新しい文化を生み出そうとしています。きものの世界にもその潮流が押し寄せ、斬新なファッションの創造に貢献しようとしていると考えられます。

そのような時代に私は、ちょっとした遊び感覚のきものにも発想を向けていきたいと考えています。簡単にさっと着られて、それでもクラシックな部分が残っているというような、そういうきものと、きものの着方が大切だと思うのです。

古いしきたりにとらわれないで、自由に遊びましょうとこれまで提案してきました。し

インターナショナル・ビューティ・フォーラム 2003’

きものにもドレスにもアレンジできる
Jane's Collection 2002 Beauty Oasis

かしながら、それは伝統を無視しましょうということではありません。

きものは、長い歴史の中で培われ、美しい日本の四季や日本人の心にはぐくまれてきました。その深く厳かな伝統は、時代を経ても世界中の人達を魅了し続ける日本の象徴といえましょう。人の心はいつも感銘によって揺れ動くのです。

その根底にあるしきたりもまた、伝統に息づいています。

正式な場所では、正式なきものとその着方が求められますし、きちんとした着付けをすれば身も心も引き締まります。

基本的なきものの着付け、約束事は、きちんと身に付けるようにしましょう。確かな伝統を踏まえてこそ、新しい文化を創ることができるのです。

Jane's Collection 1996

游《ゆう》

前向きの心を胸におき、
何物にもとらわれない広い心を
イメージした“游”。

Jane's Collection 1998 **SHINE**

外見にとらわれることなく、
心から美しく輝いてという精神美を大切に。

Jane's Collection 2001
Dreams
“美道”を広く伝え、
日本中、世界中の
女性を美しく
変えていきたい

Jane's Collection 2003

「美」を極めるには
を魅了する心を磨くこと、
人と手をたずさえ、
思いやりのある“愛”の
ハートを育てることです。

第二部

山野流 KIMONO DRESSING

浴衣の着付け

準備

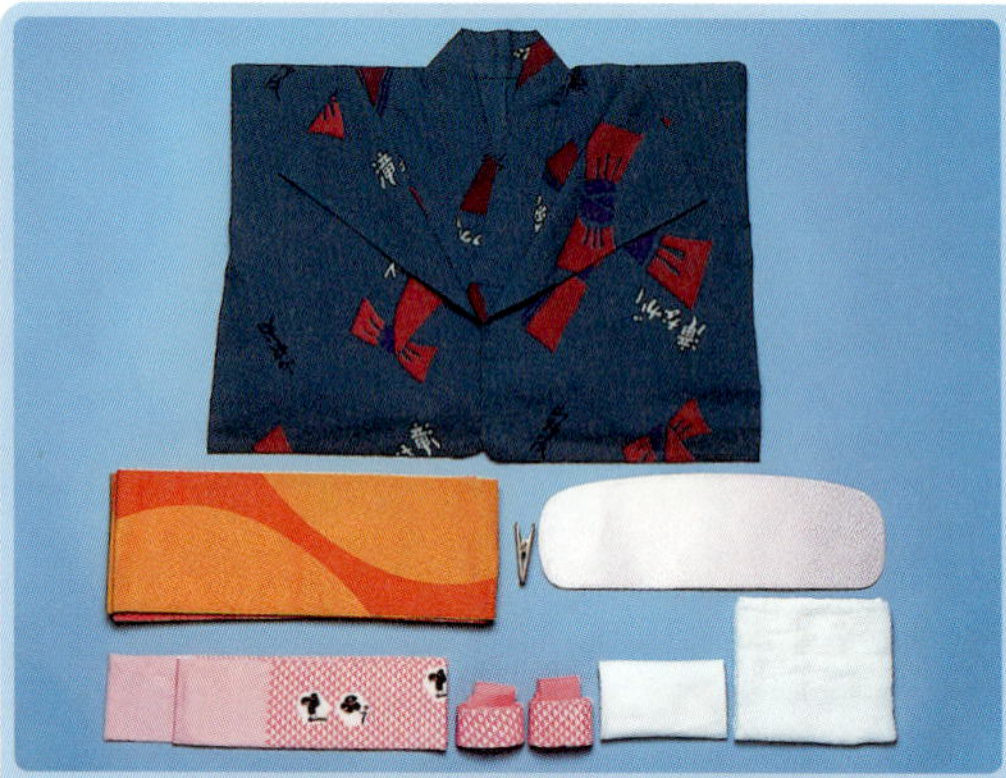

❶浴衣
❷帯板
❸細帯
❹タオル
❺帯座
❻紐二本
❼伊達じめ

和装肌着

❶**袖を通す**：浴衣を羽織り、袖に手を通して袖山を持ち布目を通します。

❷**背中心を整える**：左右の共衿（ともえり）を揃えて持ち、反対の手で背縫いをつまみ背縫い線が中央になるようにします。

❸**裾線を決める**：左右の手で衿先から手幅ひとつ計った位置を持って腰の上に上げ、裾線をくるぶしあたりに決めます。

❹**下前を入れる**：下前を合わせます。裾は床と平行に合わせ、衽（おくみ）付け線から褄先（つまさき）上がりにします。

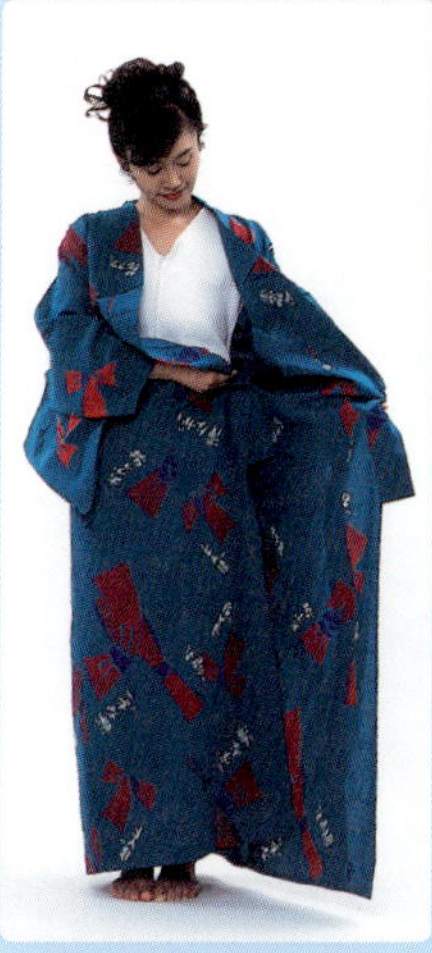

❺**上前を合わせる**：上前をかさね、上前の裾も床と平行にして合わせ、衽付け線から褄先上がりにします。下前の余分を前へ送り、衿先をかぶせます。

❻**腰紐（こしひも）を結ぶ**：腰紐をあて上前脇で身幅の余分をタックにとり、後ろで交差し前に回して結びます。

❼**おはしょりをおろす**：身八つ口から手を入れて前後のおはしょりをおろします。

❽**タオルを入れる**：体型に合わせて腰のくぼみにタオルを入れます。

❾衿を合わせる：のどのくぼみを中心に左右対称に合わせます。

❿上紐を締める：上紐を締め、身頃の余分を脇に寄せ、身八つ口の前後を合わせて後ろにたおします。

⓫伊達じめを締める：前のおはしょりを形づけてから、前後のおはしょりのつなぎ目を整え伊達じめを締めます。

細帯の帯結び（一文字）

❶「手」の長さを決める：胴幅の長さを「手」の寸法に決めます。

❷胴にひと巻きする：「手」を半分に折り、前中央におきます。胴にひと巻きします。

❸ふた巻き目を巻く：もう一回巻いてひと締めし、たれを脇から斜めに折り上げます。

❹「手」と「たれ」で結ぶ：「手」を上、「たれ」を下にしてひと結びします。

❺羽根の長さを決める：「たれ先」から胴幅に計り、羽根の長さとします。

❻羽根をたたむ：胴幅に決めた長さで巻きだたみします。

❼羽根にひだをとる：羽根に三枚の表ひだをとります。

❽「手」と羽根を結ぶ：「手」を羽根にかぶせてひと結びします。

❾「手先」を引く：羽根をささえてしっかりと結びます（下に引く）。

❿「手先」を帯に入れる：「手先」は帯と伊達じめの間に入れ、帯の下に引きます。

⓫後ろにまわす：浴衣の合わせ目の方向へまわします。

⓬帯板を入れる：帯と帯の間に、下から帯板を入れます。

⓭「手先」の始末：「手先」を折りたたんで、帯の中に入れます。

⓮帯の後ろを整える：帯が安定するように、結び目の下にタオル等を入れます。

⓯でき上がり。

小紋の着付け

準備

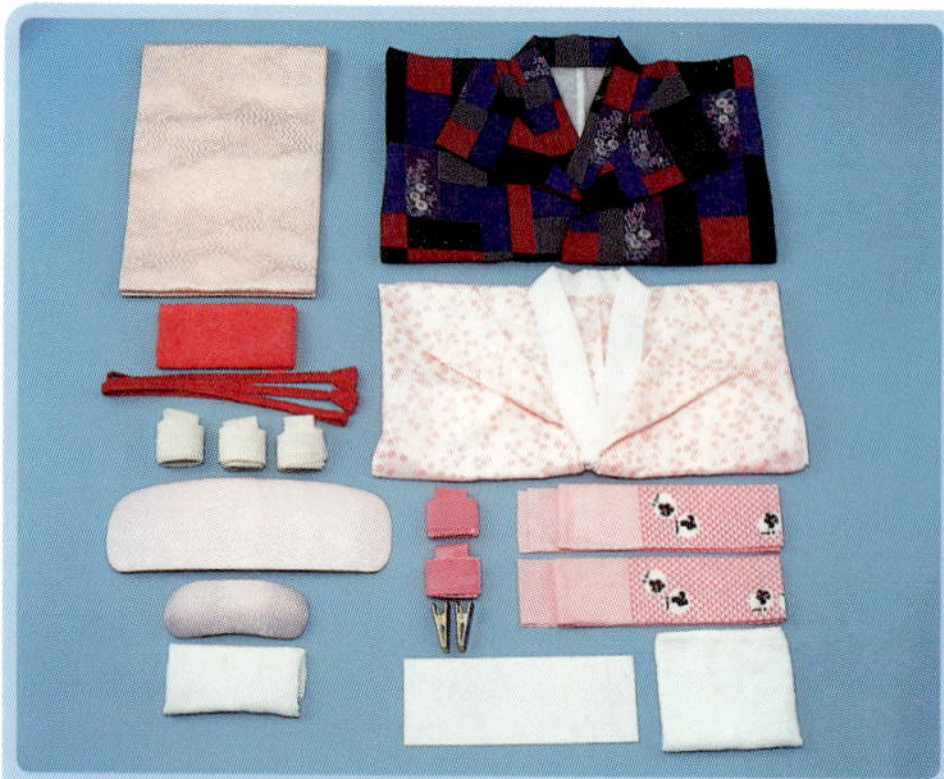

❶着物
❷長襦袢
❸伊達じめ
❹紐二本
❺タオル
❻半紙
❼帯
❽帯あげ
❾帯じめ
❿仮紐三本
⓫帯板
⓬帯枕
⓭ガーゼの帯あげ

和装肌着

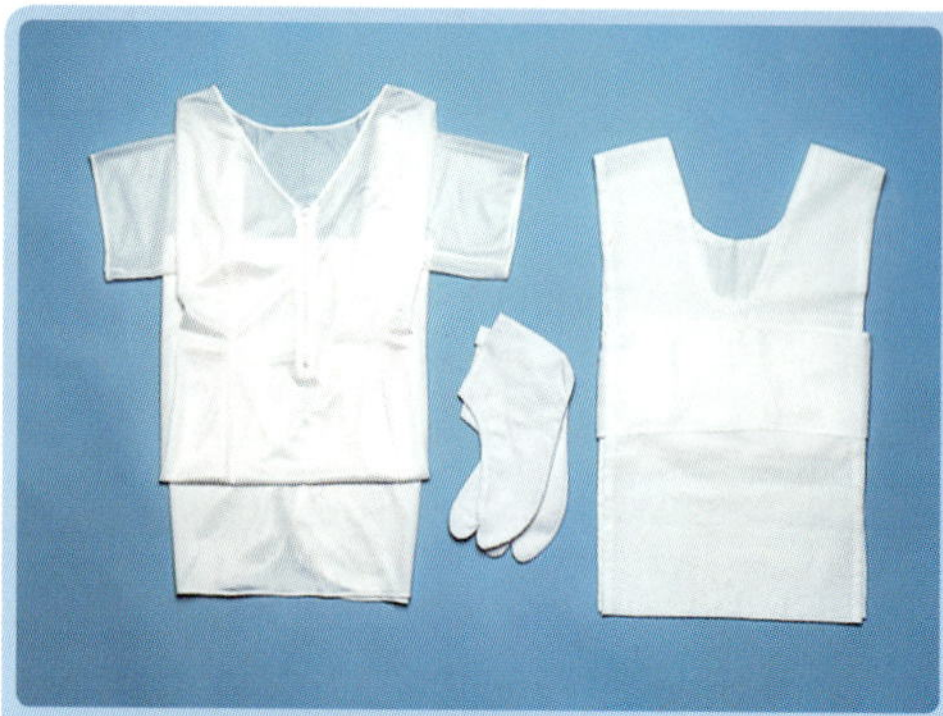

❶和装肌着
❷足袋

❶和装肌着を身に付け、長襦袢を羽織り、背中心を決め、半衿をのどのくぼみの下で合わせます。

❷紐を結び、伊達じめをします。

❸着物を羽織って、共衿を揃え背縫いを、背中心に合わせます。

❹着物をいったんヒップの上まで持ち上げ、徐々におろし、裾線を床のすれすれに決めます。

❺背縫いの位置を動かさないようにして、下前を合わせます。

❻上前を合わせ、下前身頃の身幅の余分は、右脇から前へ送り込みます。

❼腰紐をあて、後ろで交差させて前へ回し、左右どちらかの脇寄りで藤結びにします。

❽裾線は下前、上前が衽付け線で交差するように褄先上がりにします。

❾前後のおはしょりを下ろします。

❿半紙を縦二つ折りにし、輪を下にして上前のおはしょりに入れます。

⓫着物の衿幅を決め、衿合わせをして、上紐を締めます。

⓬おはしょりの長さを帯下から一〇センチくらいのところに整え、衽付け線を合わせ、おはしょりの余分を押さえて伊達じめをします。

名古屋帯（一重太鼓）

❶「手先」を後ろから前に回し、反対側の胴脇に決めます。

❷「手」を胸にあずけて胴にひと巻きし、「手」を脇までもどしてひと締めします。

❸前に帯板を入れ、重ねて帯を巻き、もう一度しっかり脇で締めます。

❹後ろで「たれ」を斜めに織り上げ、肩にあずけます。

❺「手」を後ろへもどして「たれ」と交差させ、仮紐で押さえます。輪の方を下にして前に回しあずけておきます。

❻「たれ先」から手幅四つから四つ半のところをはかり、ガーゼの帯あげと飾り帯あげをかぶせた帯枕を内側にあてます。

❼「手」と「たれ」を交差させた部分を台にして帯枕をのせ、ガーゼの帯あげを前で結び、飾り帯あげも前に回して調えます。

❽帯枕の下の余分を平らにし、布目を通します。

❾帯山から手幅二つはかった位置に「たれ先」をおき、「たれ」の長さを人差し指一本分とし、仮紐をあてて前で結びます。

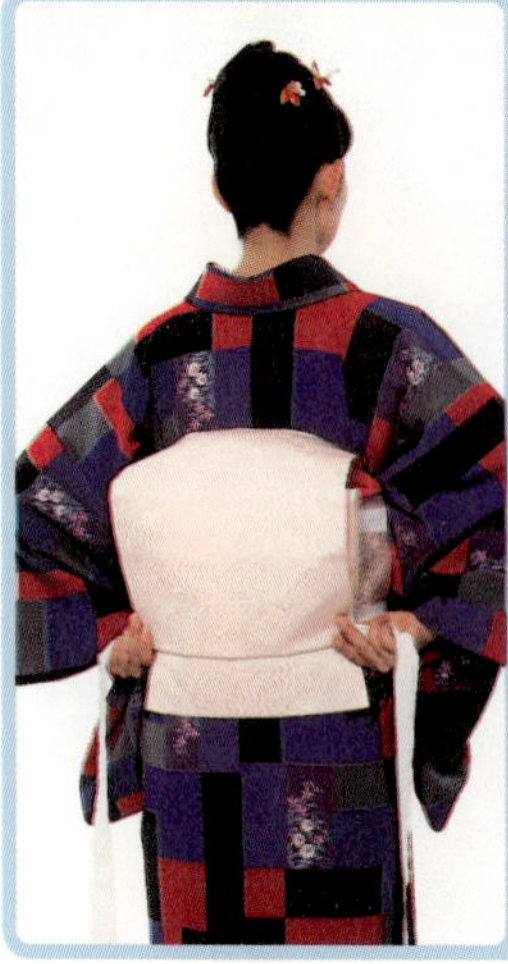

❿お太鼓を整え、仮紐をあてて余分は織り上げ、仮紐を前で結びます。

⓫前にあずけておいた「手」を後ろへ戻し、お太鼓の中に通し、「手」を帯幅の中央にして、帯じめを通します。

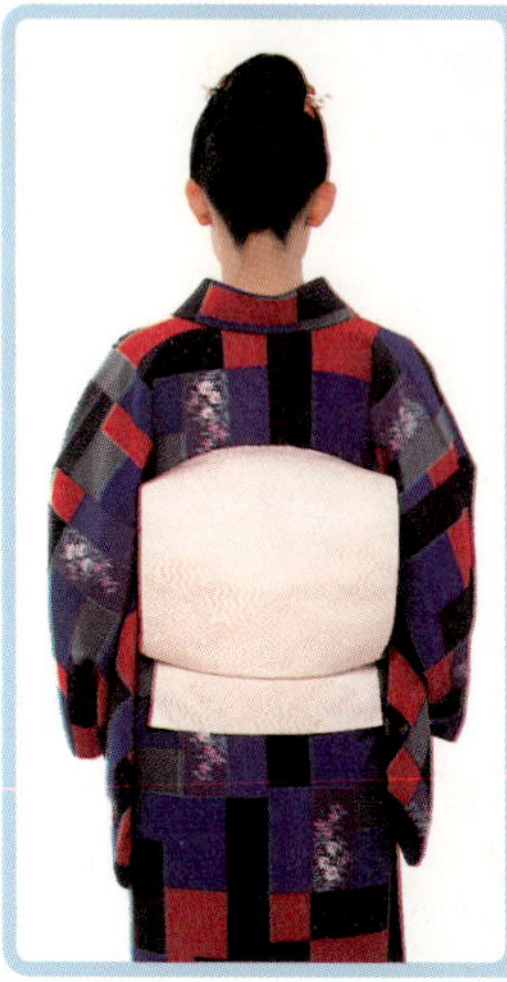

⓬帯じめを前に回して結び、仮紐を取ってでき上がりです。

二重太鼓

❶「手」の長さを決める。「手先」を後ろから前に回し、反対側の胴脇たっぷりにきめます。

❷ひと巻きして「手」とたれをひと締めします。ふた巻き目に帯板を入れ、ひと締めします。

❸後ろで「手」とたれを交差し、仮紐をあてて前に回し、帯にのせて結んでおきます。

❹「手」は輪の方を下にして前にあずけ、たれは開いておきます。

❺「たれ先」から手幅二つのところをお太鼓の山とし、二重にして整えます。

❻表から二枚目にガーゼの帯あげと帯あげにくるんだ帯枕を置きます。

❼交差した上の背に帯枕を置き、山を整えて、帯あげを前で締めます。

❽山から手幅一つ半のところに仮紐をあてて折りあげ、前で結びます。

❾「手先」を表から二枚目にお太鼓底にそわせながら入れます。

❿帯じめを通し、「手」の中央にあて、前に回し、結びます。

⓫でき上がり。

1 着付け前の準備

◆準備の大切さ

着付けに必要な小物を上手に準備することで、着付けの時間が短縮できます。

紐《ひも》の巻き方

紐は使う時に取りやすいように、中心を決めて巻いておきます。

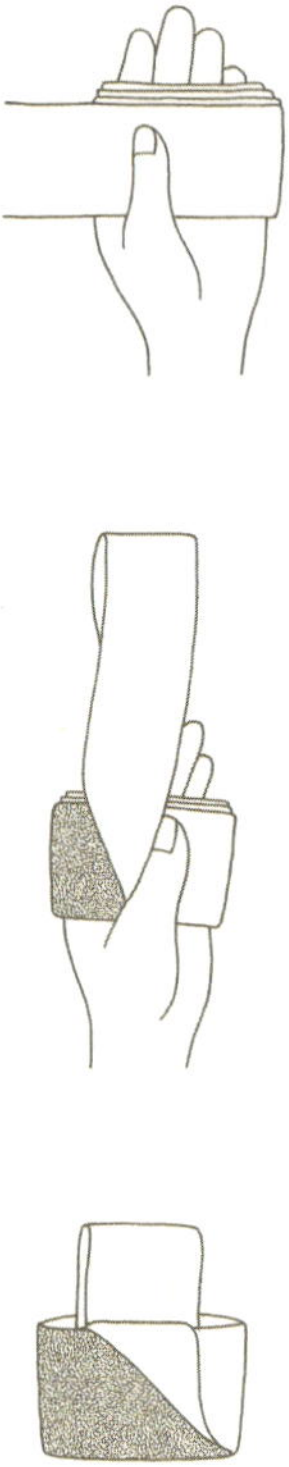

紐の結び方

きものは要所要所で紐を使いながら着付けていくので、ほどけることのないよう、しっかりと結ぶ必要があります。凸凹した結び目が気になる方には身体にフィットする「藤結び」、着付けの時間を短縮するには「片花結び」をおすすめします。

藤結び

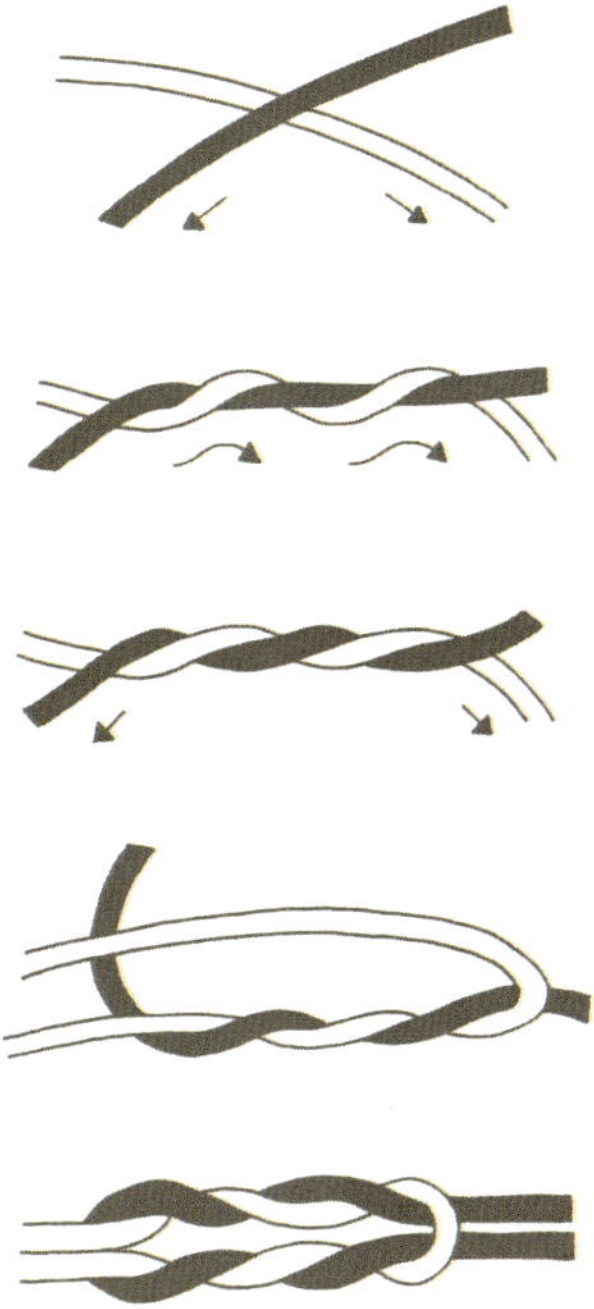

花結び

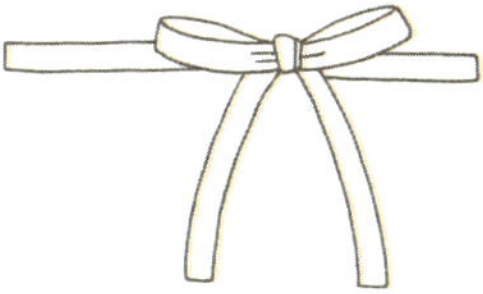

片花結び

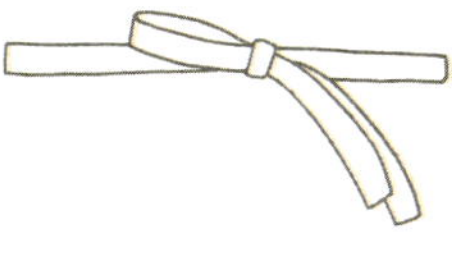

2 美しいプロポーションづくり

◆体型補正

体型は個人差が大きいものです。着崩れを防ぎ、美しい装いのために極端な凸凹を整えるのが補正です。自分の体型に合わせて効果的な補正をし、洗練された着心地のよい着付けをしましょう。

体型補正の方法

それぞれ必要な部分を綿花やタオルなどで補正します。

①肩前のくぼみ

②左右の肩の高さの違い

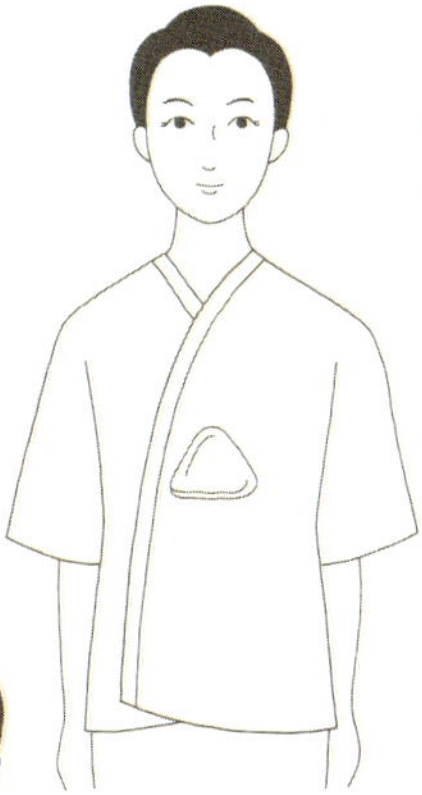

③バスト間のくぼみ

④小さいバスト

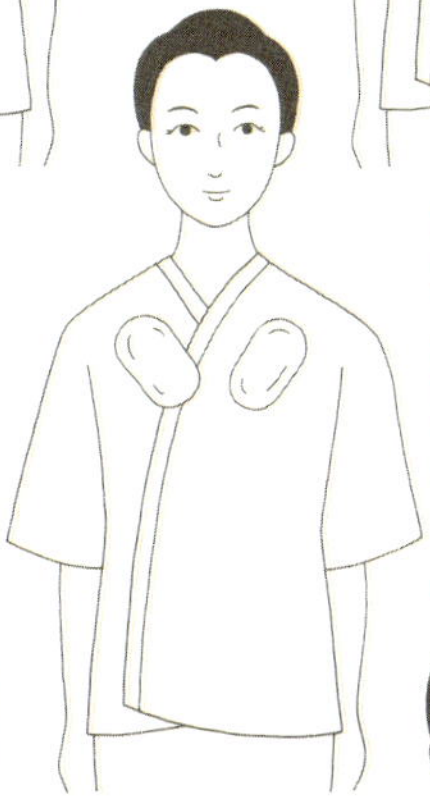

⑤胸上部のへこみ

⑥いかり肩

⑦なで肩

⑧バストの下の段差

⑨細いウエスト

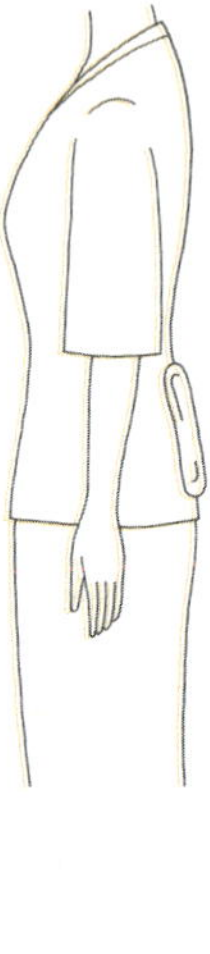

⑩ヒップのへこみ

和装用キャミソール（山野流オリジナル）

両脇の力布でバストを押さえることもでき、体型補正に大変便利です。汗とりにもなります。

①力布をバストの位置に合わせ、両脇を布の後ろへ回して交差、ひと締めします。

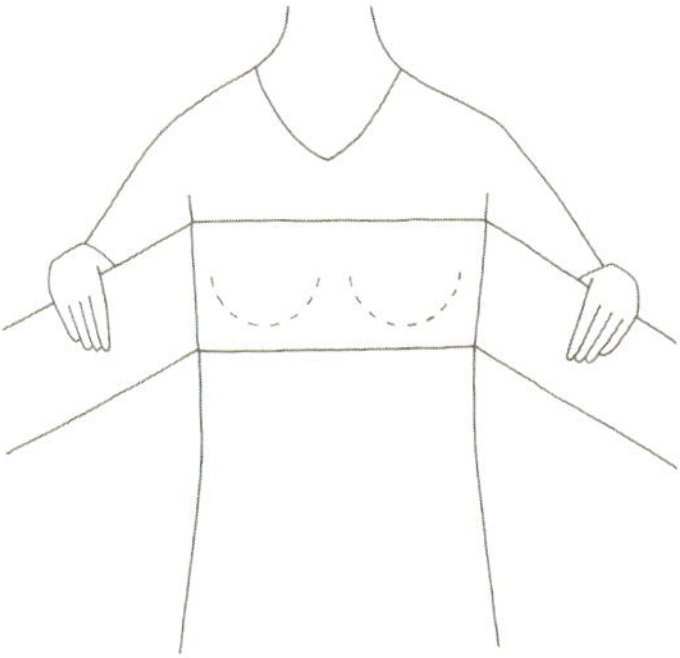

②前へ回し、脇でもう一回締めます。

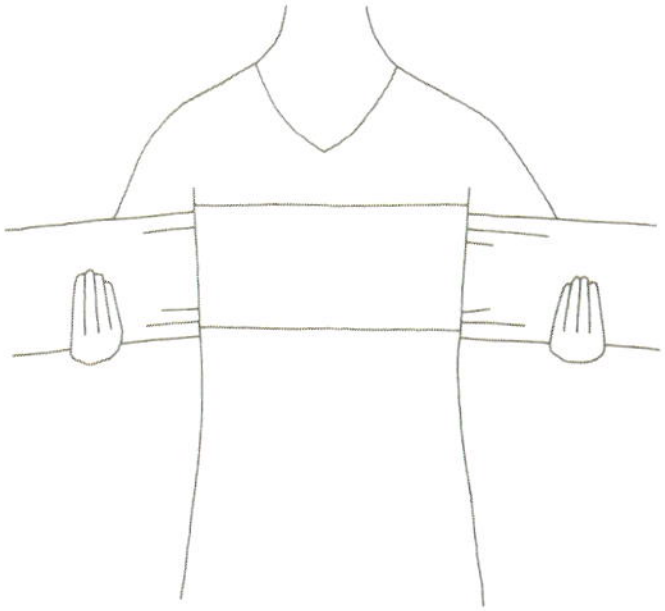

③力布の両脇をそれぞれ挟みこみます。

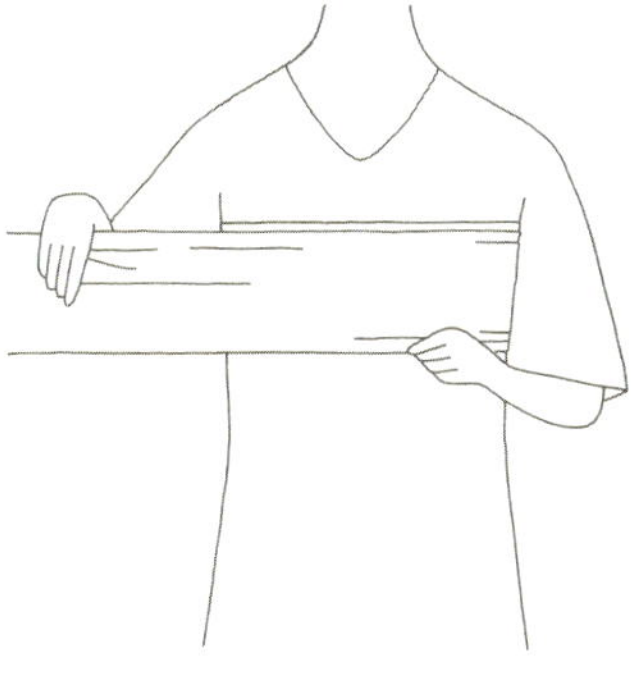

3 長襦袢の準備

◆付け紐と力布による工夫

きものの土台となる長襦袢《ながじゅばん》を丁寧に着ることは、美しい仕上がりにつながります。衣紋《えもん》の抜き加減、衿合わせ、そして足首が見えないようにくるぶし程度に裾線《すそせん》を決めることがポイントです。

付け紐と力布

長襦袢に手を加え、簡単にかつ美しく着られる方法。

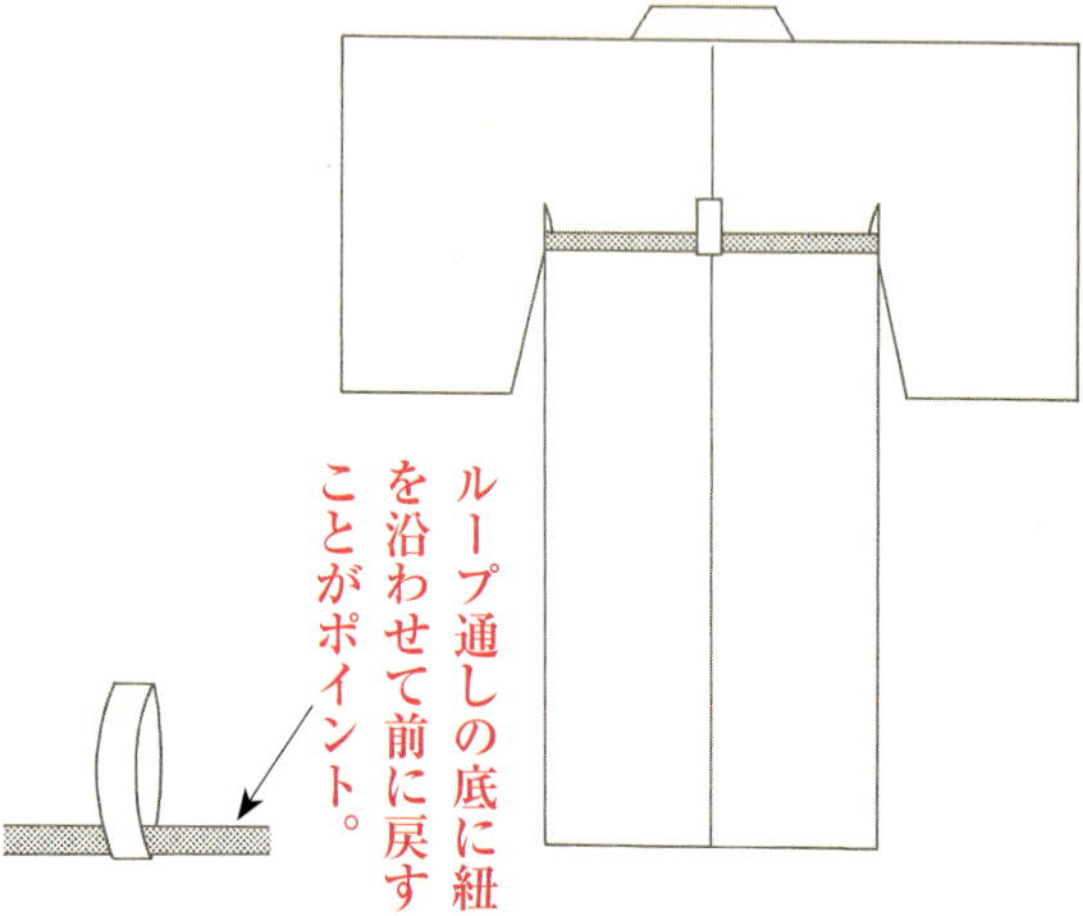

ループ通しの底に紐を沿わせて前に戻すことがポイント。

力布は半衿《はんえり》の先をおさえて止めることがポイント。

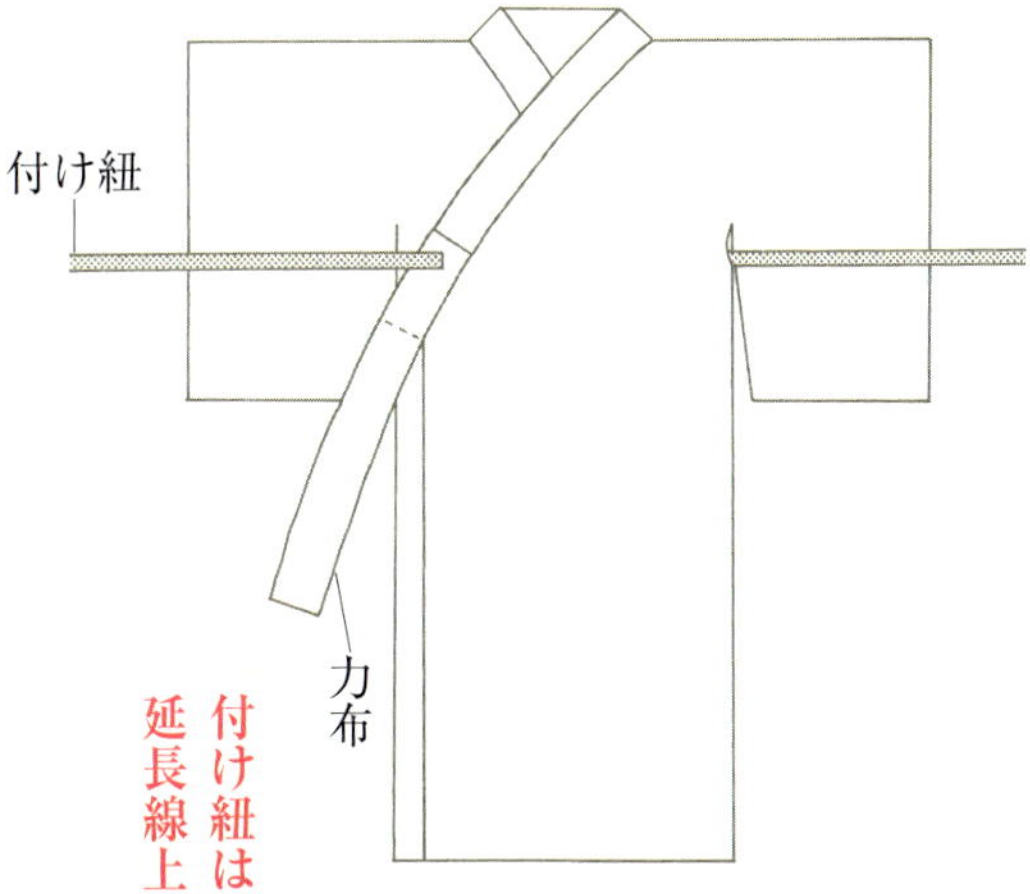

付け紐は着た状態で身八つ口どまりの延長線上に位置を決め、縫いつける。

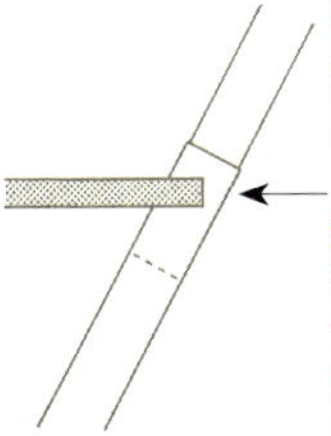

4 帯じめ・帯あげの整え方

帯じめも、帯あげも、きもの姿を美しく見せる大切なポイントとなります。

帯じめ

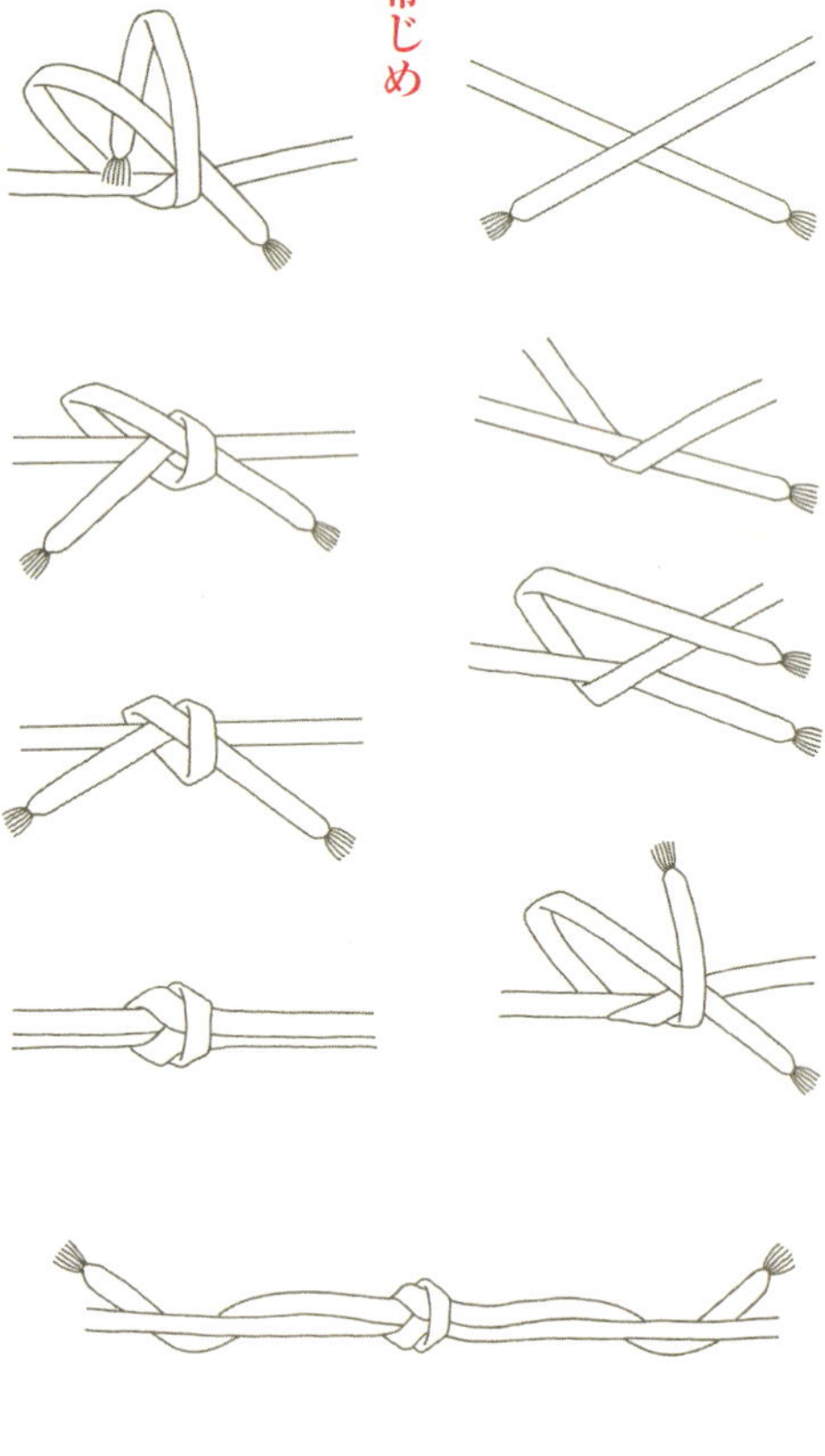

帯あげ

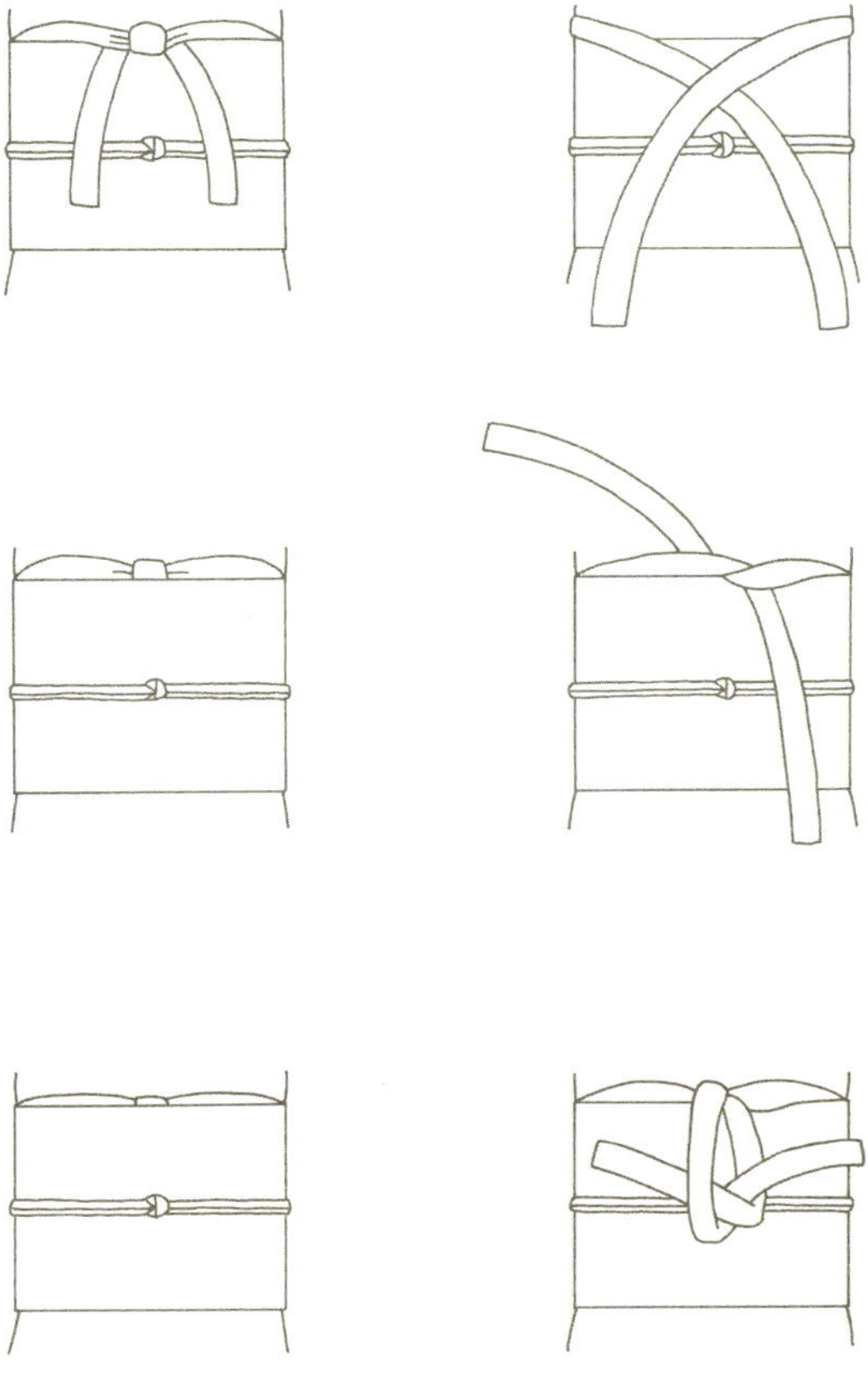

5 帯のゴールデン・ポイント

◆振袖の帯結びを美しく決める。

帯を結ぶ位置は、着る人の体型によって異なります。その人に合った帯結びの基本的な位置を知る方法が、帯のゴールデン・ポイントシステムです。

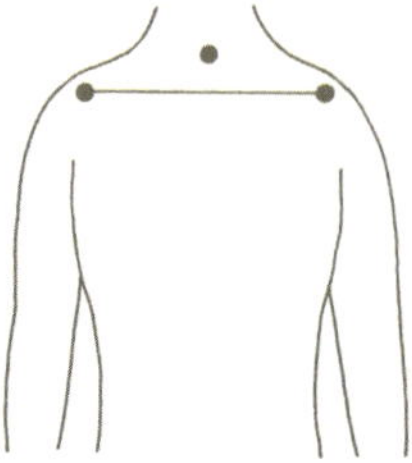

①別紐で肩幅を測ります。

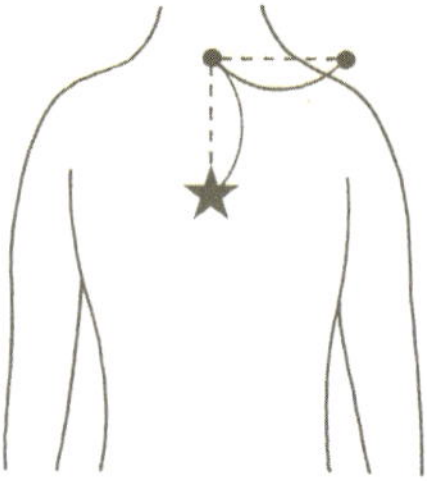

②その二分の一を首の付け根から測った位置が帯のゴールデン・ポイントとなります。

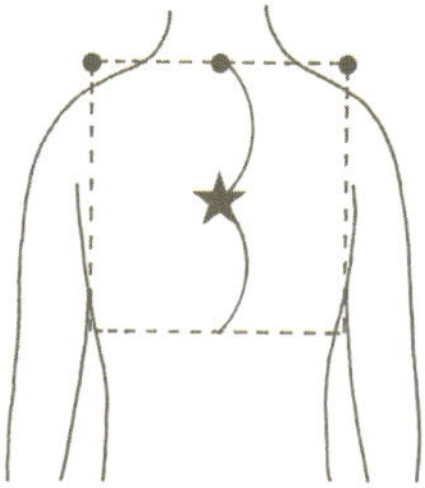

③ゴールデン・ポイントを中心とした帯の範囲。

6 胸の身幅余分の始末

ふくよかな人

胸の中心寄りにダーツを外向きに取ります。

細身の人

胸の外側にダーツを外向きに取ります。

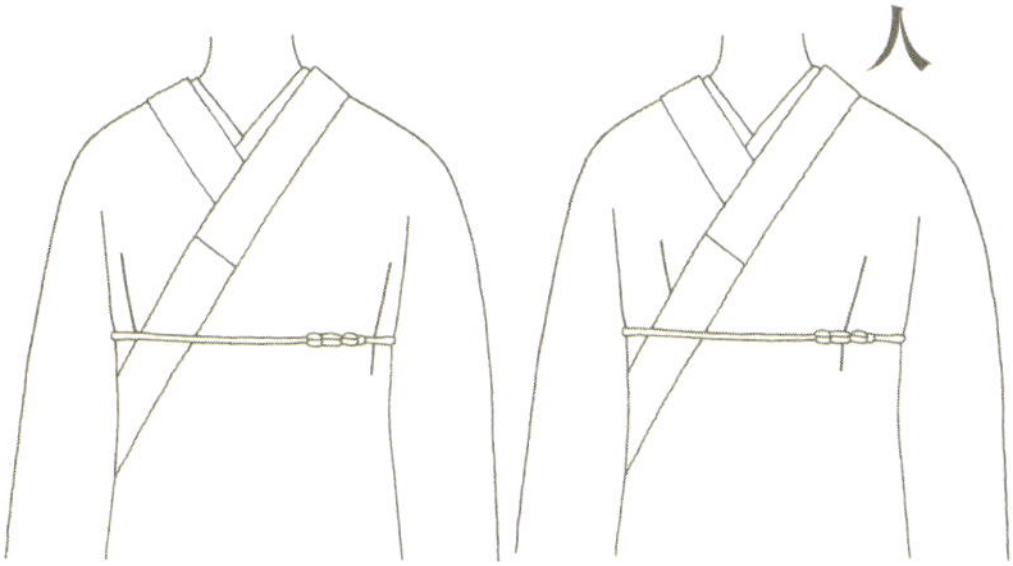

7 きもののたたみ方

本だたみ

本だたみは、刺繍や箔などの豪華な加工がされたもの以外のすべてのきものに用いられる、もっとも基本的なたたみ方です。

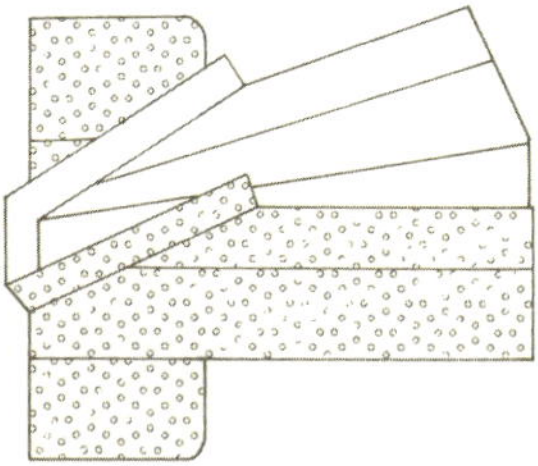

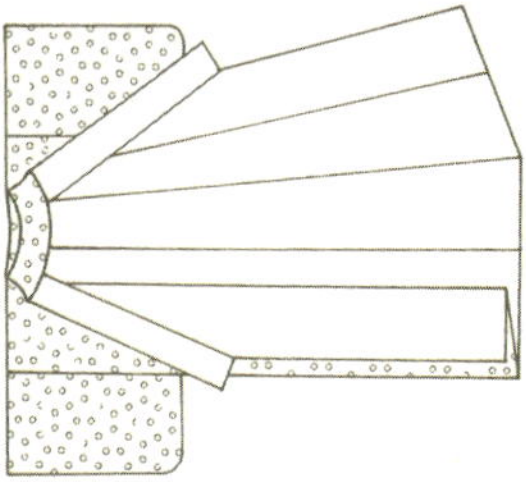

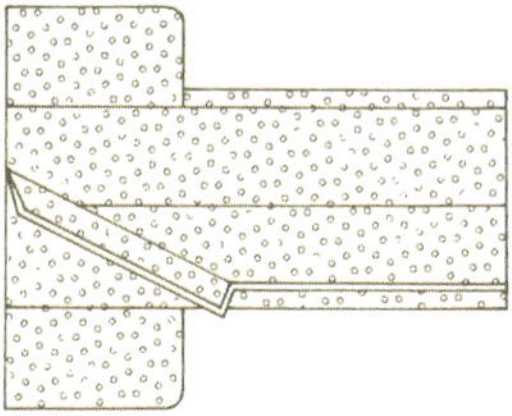

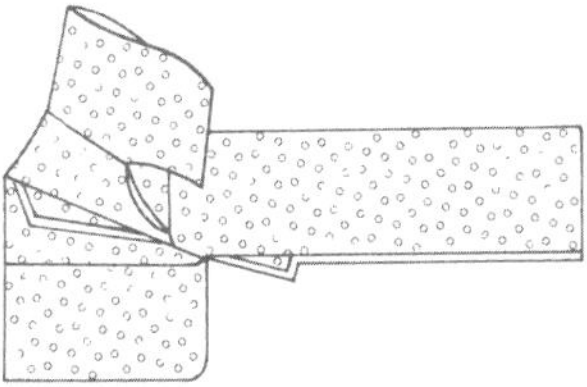

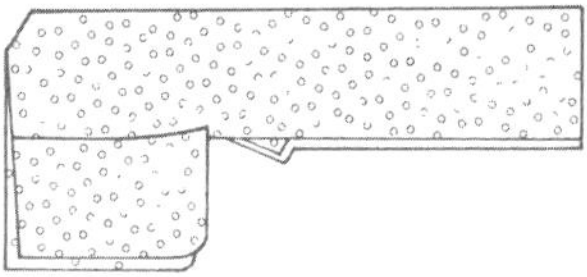

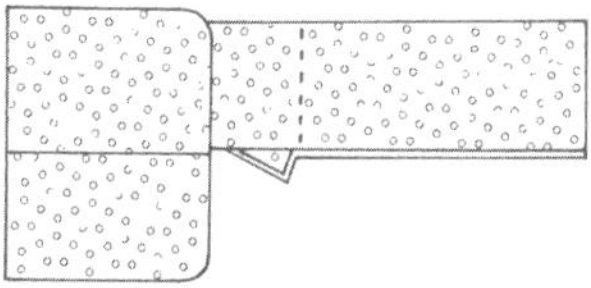

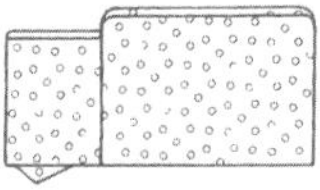

名古屋帯のたたみ方

名古屋帯はほかの帯と仕立て方が違っているので、たたみ方にも特徴があります。このたたみ方は、お太鼓部分に折り目を付けない方法で、しまってあった帯をひと目見て柄選びできるのも特徴です。

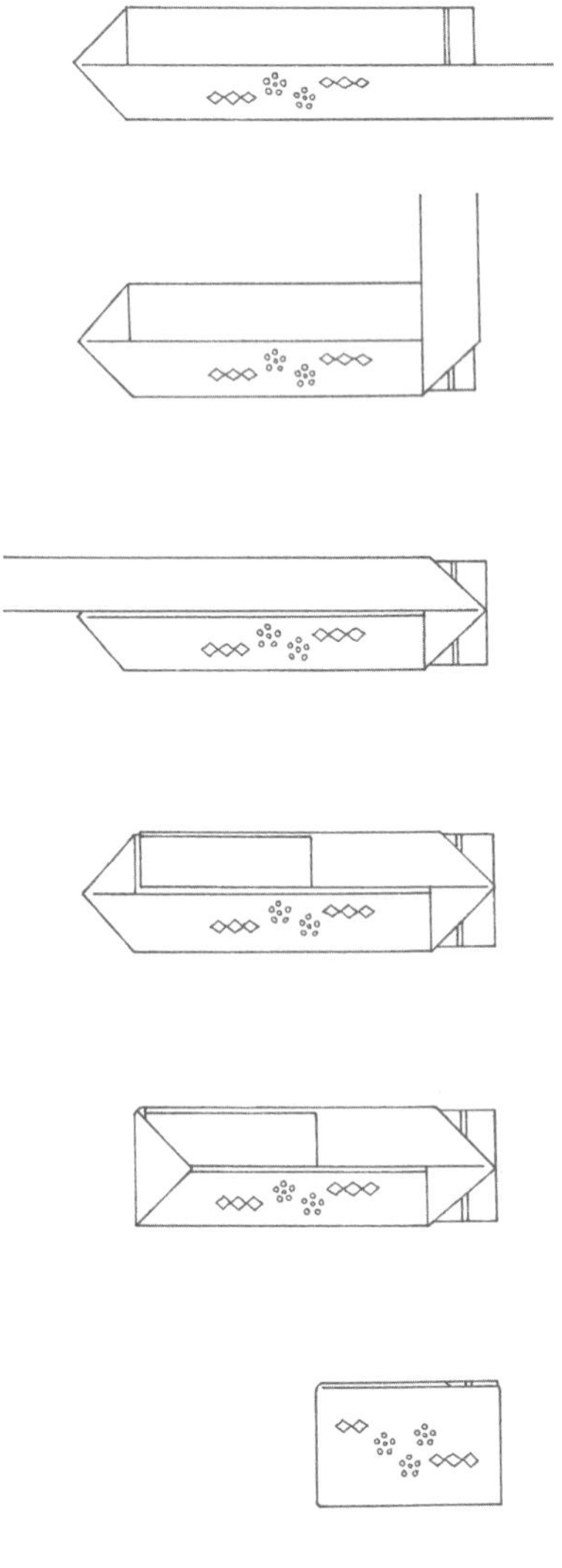

あとがき

私は、人生は「ハッピーでビューティフル」であることが第一に大切なことと考えています。幸せも美しさも、その人自身を生かすものでなければなりません。そのためにはあなたのライルスタイルが個性的でクリエイティブであることが必要です。

きものを楽しむこともその一つです。

この本では、きものの楽しみ方の一つとして〝振袖フリースタイル〟など、従来のきものの扱い方、着方から見れば異端と思われかねない手段をも披露し、できるだけ自由に、楽しく着ましょうと提案しました。伝統は、常に新しいうねりで継承されていくべきです。ふるい習慣をうまく活かして新しい発想へと転換していく、チェンジではなくプラスαで、というのが私の考え方です。山野流着装宗家の私を支持してくださる方々はご理解してくださっていますが、そういう発想は、私が英語を母国語としてきものに接しているから生まれたのかもしれません。それは、一つの有利性だと考えています。

今年三月、きものを楽しみながら日本の生活文化を見直そうという考えの方々が集まって「きもの生活ネットワーク（きものでスローライフを楽しむ会）」（事務局　TEL〇三-三三七九-三四三五）が羽田孜（元首相）代表のもとに発足されました。

私も副代表の父と各地できものを広めるお手伝いをしておりますが、洋装世代の家庭に育った若い方たちが、まったくの新しいファッションとして嬉しそうにきものを着ているのを見ると、時代に即して文化を受け継ぎ成長させることへの責務を改めて感じ、その担い手の一人であり続けたいと強く思うのです。

最後になりますが、本書の出版にあたり多くの皆様方にお力添えをいただきました。ミニコラムでは、女性モード社元編集長の中嶋幹夫氏に、イラストでは山野美容芸術短期大学・助教授で版画家の栗本佳典氏に協力を頂きました。同短大副学長の森清教授は親身になって私をサポートしてくださいました。また、岩波書店の関係者には、大変お世話になりました。特に編集の山本慎一氏には私の真意をご理解頂き、度重なる校正にも快く応じてくださいました。その他ここに名を記さない方々をも含めて皆様に心から御礼申し上げます。

私事ですが、この本ができた背景には私のアメリカの祖父母がいます。二人は私の成長をみつめながら写真を大切にアルバムに残しておいてくれました。祖父・シゲオ木村は二〇〇二年にロサンゼルスで亡くなり、この本を手にとって見てもらえません。そのことが大変に残念です。終わりに記して感謝したいと思います。

二〇〇三年六月

山野愛子ジェーン

ジェーンのきものスタイリング　岩波アクティブ新書 80

2003年7月4日　第1刷発行
2013年5月24日　第9刷発行

著　者　山野愛子《やまのあいこ》ジェーン

発行者　山口昭男

発行所　株式会社 岩波書店
〒101-8002 東京都千代田区一ツ橋 2-5-5
案内 03-5210-4000　販売部 03-5210-4111
http://www.iwanami.co.jp/

本文・カバー印刷／製本　法令印刷

ISBN 4-00-700080-8　　Printed in Japan

岩波アクティブ新書の発足に際して

先行き不透明な時代です。経済の行く先を予測することはむずかしく、今の生活スタイルをいつまで続けられるのか不安です。若い人にとっては、就職し定年まで勤め上げるというイメージはもちにくくなる一方、定年を迎える人には、その後の長い人生設計が切実な問題となっています。環境問題はさらに深刻化し、健康に不安を抱えている人も多いことでしょう。

生活スタイルが個性的になり、価値観も多様化しています。そのため人間関係が複雑になり、世代間ではもちろん、世代の内部でも、コミュニケーションがむずかしくなっています。家族との接し方もこれまでどおりにはいかないでしょう。

世の中に情報はあふれ、インターネットなどを使えば、直面している問題を解決するてがかりを探し出すことは容易です。しかしいま必要なのは断片的な情報ではなく、実際に試しながら繰り返し頼りにできる情報です。現代人の生活の知恵ともいうべき知識です。メディアは多様化していますが、そのような手応えのある知識を得るために、書物は依然として強力なメディアです。

私たちは、みなさんが毎日の生活をより充実した楽しいものにされることを期待して、ここに岩波アクティブ新書を創刊いたします。この新書によって、新しい試みに挑戦し、自らの可能性を広げてくださることを望みます。そして、この新書が、身のまわりの小さな変化を手始めに、社会を少しでも住みよくしていく力となるなら、これにまさる喜びはありません。

（二〇〇二年一月）

社会

震災日録 記憶を記録する　森まゆみ
原発をつくらせない人びと　山秋真
中国の市民社会　李妍焱
社会人の生き方　暉峻淑子
豊かさの条件　暉峻淑子
豊かさとは何か　暉峻淑子
構造災 科学技術社会に潜む危機　松本三和夫
家族という意志　芹沢俊介
ルポ 良心と義務　田中伸尚
靖国の戦後史　田中伸尚
日の丸・君が代の戦後史　田中伸尚
飯舘村は負けない　千葉悦子・松野光伸
夢よりも深い覚醒へ　大澤真幸
不可能性の時代　大澤真幸
3・11 複合被災　外岡秀俊
子どもの声を社会へ　桜井智恵子
就職とは何か　森岡孝二
働きすぎの時代　森岡孝二
日本のデザイン　原研哉
ポジティヴ・アクション　辻村みよ子
脱原子力社会へ　長谷川公一
希望は絶望のど真ん中に　むのたけじ
戦争絶滅へ、人間復活へ　むのたけじ・黒岩比佐子 聞き手
福島 原発と人びと　広河隆一
アスベスト 広がる被害　大島秀利
原発を終わらせる　石橋克彦編
大震災のなかで 私たちは何をすべきか　内橋克人編
日本の食糧が危ない　中村靖彦
ウォーター・ビジネス　中村靖彦
食の世界にいま何がおきているか　中村靖彦
勲章 知られざる素顔　栗原俊雄
希望のつくり方　玄田有史
生き方の不平等　白波瀬佐和子
同性愛と異性愛　風間孝・河口和也
居住の貧困　本間義人
贅沢の条件　山田登世子
ブランドの条件　山田登世子
新しい労働社会　濱口桂一郎
世代間連帯　上野千鶴子・辻元清美
当事者主権　中西正司・上野千鶴子
ルポ 雇用劣化不況　竹信三恵子
道路をどうするか　五十嵐敬喜・小川明雄
建築紛争　五十嵐敬喜・小川明雄
「都市再生」を問う　五十嵐敬喜・小川明雄
報道被害　梓澤和幸
ルポ 労働と戦争　島本慈子
戦争で死ぬ、ということ　島本慈子
ルポ 解雇　島本慈子
子どもの貧困　阿部彩
子どもへの性的虐待　森田ゆり
森の力　浜田久美子
テレワーク 「未来型労働」の現実　佐藤彰男

岩波新書より

反貧困　湯浅　誠
地域の力　大江正章
ベースボールの夢　内田隆三
グアムと日本人 戦争を埋立てた楽園　山口　誠
少子社会日本　山田昌弘
親米と反米　吉見俊哉
「悩み」の正体　香山リカ
いまどきの「常識」　香山リカ
若者の法則　香山リカ
変えてゆく勇気　上川あや
定年後　加藤　仁
労働ダンピング　中野麻美
誰のための会社にするか　ロナルド・ドーア
ルポ 改憲潮流　斎藤貴男
安心のファシズム　斎藤貴男
社会学入門　見田宗介
現代社会の理論　見田宗介
冠婚葬祭のひみつ　斎藤美奈子
壊れる男たち　金子雅臣

少年事件に取り組む　藤原正範
まちづくりと景観　田村　明
まちづくりの実践　田村　明
悪役レスラーは笑う　森　達也
大型店とまちづくり　矢作　弘
桜が創った「日本」　佐藤俊樹
生きる意味　上田紀行
ルポ 戦争協力拒否　吉田敏浩
社会起業家　斎藤　槙
逆システム学　金子　勝・児玉龍彦
男女共同参画の時代　鹿嶋　敬
日本の刑務所　菊田幸一
山が消えた 残土・産廃戦争　佐久間充
ああダンプ街道　佐久間充
技術官僚　新藤宗幸
少年犯罪と向きあう　石井小夜子
仕事が人をつくる　小関智弘
自白の心理学　浜田寿美男

原発事故はなぜくりかえすのか　高木仁三郎
プルトニウムの恐怖　高木仁三郎
女性労働と企業社会　熊沢　誠
能力主義と企業社会　熊沢　誠
科学事件　柴田鉄治
証言 水俣病　栗原　彬編
東京国税局査察部　立石勝規
バリアフリーをつくる　光野有次
ドキュメント 屠場　鎌田　慧
現代社会と教育　堀尾輝久
原発事故を問う　七沢　潔
災害救援　野田正彰
ボランティア もうひとつの情報社会　金子郁容
スパイの世界　中薗英助
都市開発を考える　大野輝之・レイコ・ハベ・エバンス
ディズニーランドという聖地　能登路雅子
原発はなぜ危険か　田中三彦
ODA 援助の現実　鷲見一夫